Qualitätssicherung und Patientennutzen

ALLOKATION IM MARKTWIRTSCHAFTLICHEN SYSTEM

Herausgegeben von
Heinz König (†), Hans-Heinrich Nachtkamp,
Ulrich Schlieper, Eberhard Wille

Band 62

PETER LANG
Frankfurt am Main · Berlin · Bern · Bruxelles · New York · Oxford · Wien

EBERHARD WILLE
KLAUS KNABNER
(HRSG.)

QUALITÄTSSICHERUNG UND PATIENTENNUTZEN

13. Bad Orber Gespräche
über kontroverse Themen
im Gesundheitswesen
20.–21. November 2008

PETER LANG
Internationaler Verlag der Wissenschaften

Bibliografische Information der Deutschen Nationalbibliothek
Die Deutsche Nationalbibliothek verzeichnet diese Publikation
in der Deutschen Nationalbibliografie; detaillierte bibliografische
Daten sind im Internet über http://dnb.d-nb.de abrufbar.

Umschlaggestaltung:
Atelier Platen, Friedberg

Gedruckt auf alterungsbeständigem,
säurefreiem Papier.

ISSN 0939-7728
ISBN 978-3-631-60298-0
© Peter Lang GmbH
Internationaler Verlag der Wissenschaften
Frankfurt am Main 2010
Alle Rechte vorbehalten.

Das Werk einschließlich aller seiner Teile ist urheberrechtlich
geschützt. Jede Verwertung außerhalb der engen Grenzen des
Urheberrechtsgesetzes ist ohne Zustimmung des Verlages
unzulässig und strafbar. Das gilt insbesondere für
Vervielfältigungen, Übersetzungen, Mikroverfilmungen und die
Einspeicherung und Verarbeitung in elektronischen Systemen.

www.peterlang.de

Inhaltsverzeichnis

Klaus Knabner
Begrüßung 7

Matthias Schrappe
Die Empfehlung des Sachverständigenrates zur Qualitätssicherung 11

Joachim Bovelet und Detlev Corsepius
Qualitätssicherung und Qualitätsmanagement in einem Krankenhaus mit öffentlicher Trägerschaft 23

Axel Munte
Premiumversorgung durch das KV-System 29

Günther Jonitz
Qualitätssicherung aus Sicht der Ärztekammern 37

Jürgen Weitkamp
Prävention als Qualitätssicherung in der Zahn-, Mund- und Kieferheilkunde 55

Christopher Hermann
Qualitätssicherung im Rahmen der Hausarztzentrierten Versorgung der AOK Baden-Württemberg 65

Gerd Glaeske
Effekte des neuen Risikostrukturausgleichs auf die Qualität der Arzneimittelversorgung 81

Lili Grell
Systembezogene Bewertung einer nutzenorientierten Arzneimittelversorgung 101

Franz-Josef Wingen und Jens Lipinski

Zur Beurteilung einer Nutzenbewertung pharmazeutischer Innovationen aus Sicht eines Unternehmens 107

Heinz-Günter Wolf

Die Rolle des Apothekers bei der Sicherung einer nutzenorientierten Arzneimittelversorgung.. 125

Verzeichnis der Autoren.. 131

Begrüßung

Klaus Knabner

Meine sehr geehrten Damen und Herren,

im Namen von Bayer Health Care heiße ich Sie herzlich willkommen zu den 13. Bad Orber Gesprächen über kontroverse Themen im Gesundheitswesen. Wie Sie bei der Einladung gemerkt haben, so haben wir das Programm zeitlich etwas vorverlegt und gestrafft. Wir beginnen an diesem Donnerstag deutlich früher und steigen direkt in das Arbeitsprogramm ein – wir werden das Symposion aber schon am Freitagnachmittag beenden und eröffnen Ihnen damit die Möglichkeit, entweder ein komplettes Wochenende in der Hauptstadt zu genießen oder die Heimreise anzutreten. Wir glauben, dass diese Programmstraffung angesichts der Arbeitsintensität, mit der jeder von Ihnen konfrontiert ist, auf Ihre Zustimmung stößt.

„Kontroverse Themen im Gesundheitswesen" – das ist traditionell die Generalüberschrift der Bad Orber Gespräche. Bei diesem Symposion wollen wir uns mit „Qualitätssicherung und Patientennutzen" beschäftigen. Das klingt auf den ersten Blick überhaupt nicht strittig. Wem sonst als dem Patienten sollen alle Bemühungen der Medizin nützen? Was anderes als Qualität sollen Ärzte und andere Leistungserbringer dem Patienten angedeihen lassen?

Nun, meine Damen und Herren,

die Antwort darauf war so lange trivial, wie der Grundsatz galt. „Wer heilt, hat Recht." Dieser Grundsatz ist aber auch innerhalb der Medizin längst gehörig ins Wanken geraten. Die Medizin und die mit ihr verwandten Disziplinen der gesundheitlichen Versorgung sind seit Jahren einem Druck zur öffentlichen Rechtfertigung ausgesetzt, mit welchen Methoden, mit welchen Prozeduren und mit welchen Nachweisen ihrer Nützlichkeit Diagnostik und Therapie betrieben werden. Diese Debatte hat viele Aspekte: zum einen die glücklicherweise zur Verfügung stehende Methodenvielfalt, die Wettbewerb auslöst. Zum zweiten natürlich auch die Tatsache, dass fast keine Medizin ohne Risiko ist. Zum dritten die Diskussion über Innovationen. Schlussendlich die Frage nach der Ökonomie: Was bekommen wir für den Preis, den wir bezahlen? Oder auch in einer anderen Variante: Wie viel Ökonomie verträgt die Medizin, wenn man unter Ökonomie – einseitig verkürzend – primär Sparpolitik versteht?

Was der Gesetzgeber und das Bundesgesundheitsministerium mit der Qualitätssicherung im Gesundheitswesen intendiert haben, wird Herr Franz Knieps, der Leiter der Abteilung Gesundheitsversorgung und Krankenversicherung, darlegen. Herzlich willkommen, Herr Knieps. Seit Jahren ist sichtbar, dass die Gesundheitspolitik parteienübergreifend auf mehr Wettbewerb in der Gesundheitsversorgung setzt. Zum einen, um Medizin für alle bezahlbar zu halten, zum anderen aber auch, um die Akteure zu einem Wettstreit um die bessere Medizin zu bewegen. Und schließlich ist es ein Ziel, die Sektorengrenzen in unserem Gesundheitswesen zu überbrücken – das erfordert es wiederum, dass auch eine sektorenübergreifende Qualitätssicherung stattfindet.

Vielfach hat sich der Sachverständigenrat für das Gesundheitswesen mit der Qualität der Gesundheitsversorgung in Deutschland auseinandergesetzt. Die wohl markantesten und besonders kontrovers diskutierten Beiträge lieferte der Sachverständigenrat im Sommer 2001 mit seiner These von der „Über- Unter- und Fehlversorgung". Ich freue mich Herrn Professor Matthias Schrappe zu begrüßen, der als Mitglied des Sachverständigenrates eine kritische Bestandsaufnahme machen und die Empfehlungen des Rates zur Organisation und Ausgestaltung der Qualitätssicherung darlegen wird.

Qualitätssicherung im Krankenhaus ist heute längst zu einem Standard geworden. Allerdings sind dieser Standard und vor allem die Transparenz über Qualität keineswegs einheitlich. Zur Normalität sind inzwischen die Publikationen der Bundesgeschäftsstelle Qualitätssicherung (BQS) geworden. Aber längst haben sich in Sachen Qualitätssicherung und Transparenz Vorreiter herausgebildet: Als einen dieser Vorreiter begrüße ich Privatdozent Dr. Thomas Mansky von den Helios-Kliniken.

Einer der großen Wettbewerber von Helios – zumindest in der Hauptstadt – sind die Vivantes-Kliniken in kommunaler Trägerschaft. Ich heiße Joachim Bovelet herzlich willkommen, der zur Qualitätssicherung und zum Qualitätsmanagement in einem Krankenhaus mit öffentlicher Trägerschaft sprechen wird.

„Premiumversorgung durch das KV-System" – das klingt nach einem Widerspruch in sich. KV-Versorgung basiert zunächst auf Kollektivverträgen, in denen alles einheitlich und gemeinsam geregelt ist – im Idealfall alles gleich gut. Im schlechteren Fall mittelmäßig oder heterogen. Dass Kassenärztliche Vereinigungen jedoch daran arbeiten, in der ambulanten Versorgung Premiumsegmente zu definieren, kann zumindest für ganz Deutschland noch als ein Novum gelten, ist aber in Bayern Bestandteil einer konsequenten Vertragspolitik, die auf Mehrwert für Patienten und Mehrertrag für Vertragsärzte abzielt. Wie das funktioniert, wird der Vorsitzende der KV Bayern, Dr. Axel Munte, darlegen, den ich hiermit willkommen heiße.

Die Qualität der ärztlichen Versorgung zu sichern, ist die Kernaufgabe der Ärztekammern: das gilt für ihren mittelbaren Einfluss auf die ärztliche Ausbildung, ihre Zuständigkeit für die Weiterbildung und die lebenslange Fortbildung der Ärzte. Noch gilt es als Novum, dass Ärzte ihre Fehler thematisieren und nun eine systematische Diskussion beginnen, wie sie aus ihren Fehlern lernen können. Die Implementation einer neuen, repressionsfreien Fehlerkultur innerhalb der Ärzteschaft ist ein besonderes Anliegen von Dr. Günther Jonitz, dem Präsidenten der Berliner Ärztekammer. Herzlich willkommen.

Kaum ein anderes Gebiet der Gesundheitsversorgung kann sich so gut an seinen Ergebnissen messen lassen wie die Zahnmedizin. Nirgendwo sind die Präventionserfolge so deutlich sichtbar wie beispielsweise in der Kariesprophylaxe bei Kindern. Ich freue mich deshalb, den Präsidenten der Bundeszahnärztekammer, Herrn Dr. Jürgen Weitkamp zu begrüßen, der die Prävention als Qualitätssicherung in der Zahn-, Mund- und Kieferheilkunde darstellen wird.

Morgen Vormittag starten wir mit einem Perspektivwechsel und betrachten zunächst nicht mehr einzelne Leistungssektoren, sondern die Gesamtversorgung. „Pay for Performance" lautet dabei ein Stichwort, und ich danke Herrn Dr. Christoph Straub, dass er darstellen wird, wie finanzielle Anreize zur gezielten Förderung der Versorgungsqualität eingesetzt werden können.

Herr Dr. Christopher Hermann von der AOK Baden-Württemberg steht für ein neues Versorgungskonzept: den mit dem Hausärzteverband und Medi geschlossenen Vertrag zur hausarztzentrierten Versorgung nach Paragraf 73 b. Welche Qualitätsziele werden damit verfolgt – wie funktioniert die Qualitätssicherung in der hausarztzentrierten Versorgung?

Den Abschluss unseres Symposions soll die Versorgungsqualität mit Arzneimitteln bilden. Ein mit naturgemäß kritischem Sachverstand ausgestatteter Akteur ist Herr Dr. Stefan Etgeton von der Verbraucherzentrale Bundesverband, der seit fast fünf Jahren einer der Patienten- und Versichertenvertreter im Gemeinsamen Bundesausschuss ist. Er wird den Patientennutzen in den Mittelpunkt seiner Analyse stellen.

Herr Professor Gerd Glaeske, Mitglied des Sachverständigenrates, hat als Gutachter an der Entwicklung des morbiditätsorientierten Risikostrukturausgleichs mitgewirkt. Tatsache aber ist: Neben Diagnosen fließen auch Arzneimittelverordnungen als Determinanten für Morbidität in den neuen RSA ein und bewirken, dass Krankenkassen eine stärker an ihrer versicherten Krankheitslast orientierte Mittelzuweisung erhalten. Ich bin gespannt darauf, wie er die Effekte des neuen RSA auf die Qualität der Arzneimittelversorgung beurteilt.

Frau Dr. Lili Grell vom Medizinischen Dienst der Krankenkassen Westfalen Lippe wird das Gesamtsystem in den Blick nehmen und uns eine systembezogene Bewertung einer nutzenorientierten Arzneimittelversorgung darstellen.

Für forschende Arzneimittelhersteller ist das Ob einer Nutzenbewertung inzwischen keine Frage mehr. Allein die im Rahmen der arzneimittelrechtlichen Zulassung geforderten Nachweise an die Wirksamkeit, Unbedenklichkeit und Qualität sind keine hinlänglichen Kriterien dafür, ob eine Innovation tatsächliche patientenrelevante Therapievorteile bietet. Die forschende pharmazeutische Industrie stellt sich deshalb den Herausforderungen, den spezifischen Nutzen ihrer Innovationen auch nachzuweisen. Ich freue mich deshalb, dass Herr Dr. Franz Josef Wingen, Medical Director, Bayer Schering Pharma, die Nutzenbewertung von Arzneimittelinnovationen aus der Sicht eines pharmazeutischen Unternehmens darlegen wird.

Kehren wir am Ende zum Patienten zurück: Keine Berufsgruppe hat so engen und vor allem so häufigen Kontakt zum Patienten wie der Apotheker. Nicht zuletzt die Qualität seiner Beratung ist maßgeblich für sichere Anwendung von Arzneimitteln und für Compliance. Ich begrüße deshalb herzlich Herrn Heinz-Günter Wolf, den Präsidenten der Bundesvereinigung Deutscher Apothekerverbände, der die Rolle des Apothekers bei der Sicherung einer nutzenorientierten Arzneimittelversorgung darstellen wird.

Nicht zuletzt begrüße ich ganz besonders herzlich den Vorsitzenden der Bad Orber Gespräche, Herrn Professor Eberhard Wille, der für die Programmgestaltung die essenziellen Ideen geliefert hat. Und ich begrüße die Moderatoren der Diskussionen, die dieses Symposion begleiten werden: Herrn Professor Alfred Holzgreve und Herrn Gerhard Schulte. Ich wünsche Ihnen in diesen eineinhalb Tagen nützliche Erkenntnisse und anregende Debatten.

Die Empfehlung des Sachverständigenrates zur Qualitätssicherung
Matthias Schrappe

Der Sachverständigenrat zur Begutachtung der Entwicklung im Gesundheitswesen hat in seinem Gutachten „Kooperation und Verantwortung – Voraussetzung einer zielorientierten Gesundheitsversorgung" im Sommer 2007 zu fünf Themenbereichen Stellung genommen. Neben den Themen Zusammenarbeit der Gesundheitsberufe, Integrierte Versorgung, Krankenhaus und Primärprävention wurden im 5. Kapitel „Qualität und Sicherheit: Angemessenheit und Verantwortlichkeit" der Bogen vom Begriff der Angemessenheit zu Patientensicherheitsindikatoren geschlagen und insbesondere zu den Themen Verantwortung, nicht-anonymisierte Veröffentlichung von Qualitätsdaten und pay for performance explizite Empfehlungen abgeben. In dem vorliegenden Text sollen einige Argumentationslinien und Thesen aus dem Gutachten wiedergegeben werden, ohne das entsprechende Kapitel hier zu duplizieren.

Angemessenheit

Der Begriff der Angemessenheit (engl. Appropriateness) als Eigenschaft von Leistungen des Gesundheitswesens hat in Deutschland bislang wenig Beachtung gefunden. Das Attribut „angemessen" wird Umgangssprachlich im Sinne von „passend", „adäquat" und „den Bedürfnissen entsprechend" verwendet, hat bisher aber keine für das Gesundheitswesen spezifische Ausprägung erfahren. Das Bundesministerium für Gesundheit hat sich allerdings zusammen mit der WHO in einem Workshop im Jahre 2000 des Themas angenommen und damals festgestellt, dass der Begriff der Angemessenheit über die klinische Beschreibung des Nutzens von Methoden hinaus geht und „das öffentliche Gesundheitswesen betreffende, ökonomische, soziale, ethische und rechtliche Überlegungen" beschreibt (BMG 2001). Im internationalen Schrifttum ist der Begriff der Angemessenheit schon länger in Verwendung, es werden drei Ebenen unterschieden. Ein relativ einfaches Verständnis betrifft die Konformität mit Qualitätsanforderungen und wird z. B. in der Compliance-Forschung von Leitlinien verwendet. Auf der zweiten Ebene wird Angemessenheit als Qualitätsdimension verstanden (Donebedian, 1990). Die dritte Ebene geht jedoch insofern darüber hinaus, als sie Angemessenheit als Kontext der Umsetzung von Verfahren im Gesundheitswesen beschreibt (Brook et al, 1986).

Der Sachverständigenrat hat auf diesem Hintergrund Angemessenheit „als Attribut wirksamer Maßnahmen" definiert, „in dem deren Effizienz und deren Übereinstimmung mit Grundsätzen, Werten und Präferenzen auf der Ebene von

Personen, Gemeinschaften und Gesellschaft zusammenfassend zum Ausdruck kommt" (Wille et al. 2007, Nr. 579). In dieser Definition wird die (absolute) Wirksamkeit von Maßnahmen (efficacy) vorausgesetzt und der Begriff der Angemessenheit für die Gesamtheit der Aspekte der relativen Wirksamkeit (effectiveness) verwendet. Besondere Bedeutung hat hier, dass auch die Effizienzbetrachtung unter dem Begriff der Angemessenheit subsumiert wird, da letztlich auch die Wertung gesundheitsökonomischer Ergebnisse in der Diskurshoheit von Personen, Gemeinschaften und Gesellschaft liegt.

Die Angemessenheit von Gesundheitsleistungen stellt aus dieser Sicht den Gegenstand der auf die Evaluation der relativen Wirksamkeit gerichteten Versorgungsforschung dar. In den letzten Jahren hat auch in Deutschland das Konzept der klinischen Forschung, vormals arbeitsteilig die Grundlagen-, Krankheitszeit- und Patientenorientierte Forschung unterscheidend, eine auf den Innovationstransfer ausgerichtete Erweiterung erfahren. Neben der Grundlagenforschung wird die translationale Forschung, die klinische evaluative Forschung (kontrollierte Studien zur absoluten Wirksamkeit) und als vierte Stufe die Versorgungsforschung (relative Wirksamkeit) unterschieden (Schrappe und Scriba, 2006) (siehe Abb.1).

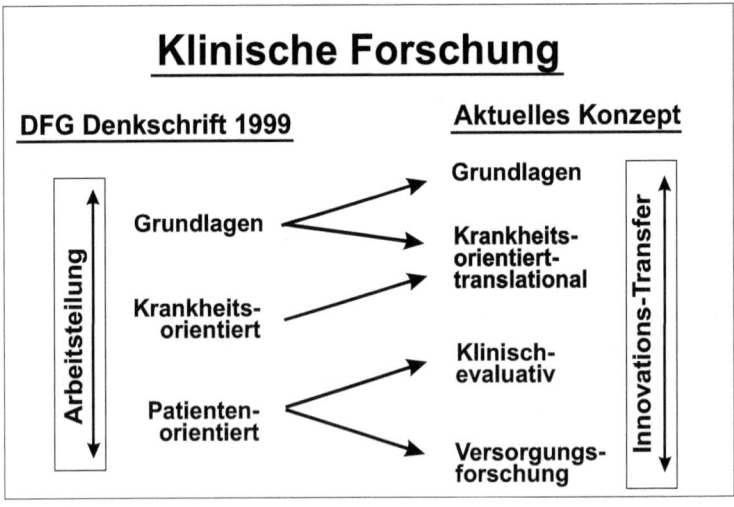

Abb.1: Versorgungsforschung als Bestandteil eines auf Innovationstransfer ausgerichteten Konzeptes der Klinischen Forschung (n. Schrappe und Scriba, 2007)

In zweiter Hinsicht ist der Begriff der Angemessenheit jedoch auch wichtig für die aktuelle Diskussion zu Nutzen, Bedarf und Allokationsentscheidung. Der Sachverständigenrat hat sich bereits in seinem Gutachten 2001 mit dem Begriff des objektiven Bedarfs beschäftigt. Er hat dabei den Terminus Bedarf, definiert als „Zustand, dessen Behandlung gesundheitlichen Nutzen erwarten lässt", von dem Begriff der Nachfrage (Wunsch nach Versorgung und Zahlungsbereitschaft) abgegrenzt und den objektiven Bedarf als solchen spezifiziert, der fachlich und wissenschaftlich bestätigt ist (Schwartz et al. 2001, III. 1, Nr. 24 und 30 ff.). Bereits damals wurde jedoch darauf hingewiesen, dass bei der Formulierung des objektiven Bedarfs außer der wissenschaftlich-fachlichen Ebene noch der kulturelle Kontext, der gesellschaftliche Wandel und die gesellschaftliche Akzeptanz zu berücksichtigen sei. Diese Diskussion hat mittlerweile eine erhebliche Bedeutung gewonnen. Vordergründig als Kritik an der Aussagekraft randomisierter Studien verstanden, geht es im Kern um die Einbeziehung von „Patient Reported Outcomes" (PRO), der öffentlichen Meinungsbildung und der politischen Umsetzung. So hat auch der Gesetzgeber z.B. in § 35b SGB V bei der „Bewertung des Nutzens und der Kosten von Arzneimitteln" den Patientennutzen nicht nur als „Verbesserung des Gesundheitszustandes" verstanden, sondern auch die Verbesserung der Lebensqualität als Kriterium mit aufgenommen.

Im Allokationsprozess können daher im Hinblick auf die deutsche Sozialgesetzgebung unterschieden werden:

- *die wissenschaftliche Ebene:* Fragestellung, klinische Studien zur Abklärung der absoluten Wirksamkeit, Aussage zum Nutzen von Untersuchungs- und Behandlungsmethoden aus wissenschaftlicher Sicht;

- *Klärung des objektiven Bedarf:* Wertung der wissenschaftlichen Evidenz und deren Synthese durch Systematische Reviews und Meta-Analysen, als Aufgabe des Instituts für Qualität und Wirtschaftlichkeit im Gesundheitswesen;

- die *Allokationsentscheidung* durch den Gemeinsamen Bundesausschuss im Sinne seiner Richtlinienkompetenz nach § 92 SGB V.

Der Begriff der absoluten Wirksamkeit (engl.: efficacy) ist in den letzten Jahren hinsichtlich seiner Eignung als alleinige Entscheidungsgrundlage insbesondere für Behandlungsoptionen von Populationen und im gesundheitspolitischen Bereich intensiv diskutiert worden. Im Vordergrund stehen hier drei Argumente:

- *mangelnde externe Validität:* bei efficacy-Studien sind die eingeschlossenen Patientenkollektive nicht repräsentativ, zu manchen Fragestellungen liegen kontrollierte Studien nicht vor, für gesundheitspolitische Entscheidungen sind die Endpunkte nicht relevant oder die Effekte treten zu spät auf;

- *Paternalismus:* Patientenpräferenzen werden nicht genügend berücksichtigt, ebenso wenig die Präferenzen von Gemeinschaften und der Gesellschaft;

- *mangelnde Eignung für komplexe Interventionen:* Public Health Interventionen verlangen komplexere Designs als die klassische klinische Studie, umgekehrt bevorteilen randomisierte Studien klinische Endpunkte und weisen Nachteile bei der Beantwortung von Public-Health-Interventionen auf.

Im Allokationsprozess des deutschen Gesundheitswesens besteht also die unbedingte Notwendigkeit, objektive Erkenntnisse zur relativen Wirksamkeit von Leistungen zu generieren und einzubeziehen. Der Sachverständigenrat schlägt daher vor, diese Nutzenbestandteile unter dem Begriff der Angemessenheit zusammen zu fassen. Es ergeben sich folglich für die Allokationsentscheidungen zu Leistungen des Gesundheitswesens zwei notwendige Bedingungen, zum einen der Nachweis der absoluten Wirksamkeit (efficacy), zum anderen der Nachweis der Angemessenheit. Hierbei gilt die absolute Wirksamkeit als übergeordnetes Kriterium, sodass der objektive Bedarf einer Leistung nicht allein auf Grund seiner Angemessenheit ohne Nachweis der absoluten Wirksamkeit konstatiert werden kann. Dies erscheint notwendig, um einer Entwicklung vorzubeugen, die hochwertige klinische Forschungsergebnisse als Nachweis der absoluten Wirksamkeit durch Marketing-Anstrengungen mit Beeinflussung der Präferenzen von Patienten und Gemeinschaften ersetzt (s. Abb. 2).

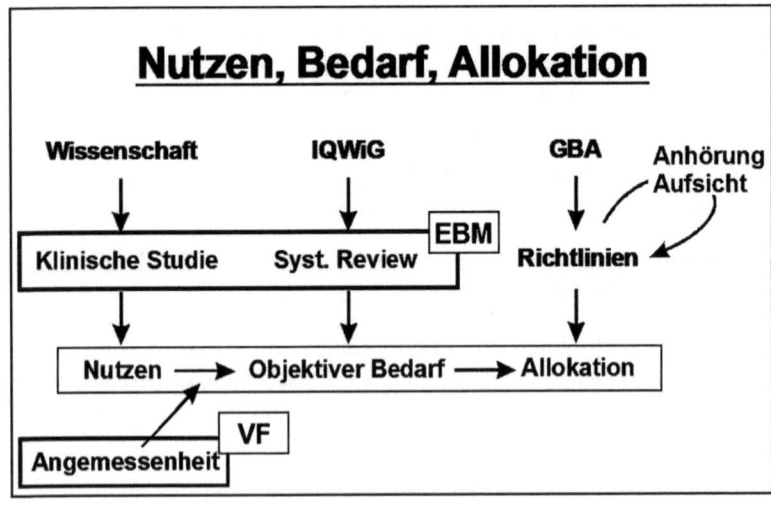

Abb. 2: Angemessenheit im Allokationsprozess: Bestandteil des objektiven Bedarfs

Zusammenfassend kann also festgehalten werden, dass die Validität der klinisch evaluativen Forschung mit dem Endpunkt der absoluten Wirksamkeit (efficacy) und die Synthese deren Ergebnisse (systematische Reviews, Meta-Analysen) durch die evidenzbasierte Medizin dargestellt wird. Die Versorgungsforschung als 4. Säule der klinischen Forschung hat die Angemessenheit von Gesundheitsleistungen zum Gegenstand (effectiveness) und bedient sich hinsichtlich ihrer Validität eines über die evidenzbasierte Medizin hinausgehenden Methodenspektrums, das eine Nähe zur Methodik des health technology assessments (HTA) aufweist.

Patientensicherheit

Der Sachverständigenrat nimmt im Abschnitt zur Patientensicherheit zunächst die definitorischen Elemente aus dem Gutachten 2003 auf und ergänzt diese durch den Begriff des unerwünschten Ereignisses (adverse event). Im Zentrum dieses Kapitels steht in der Folge das Konzept der Patientensicherheitsindikatoren (PSI). Auf dem Gebiet des Patientensicherheit existieren drei Erkenntnisperspektiven, Ereignisse quantitativ darstellbar zu machen:

- repräsentative quantitative Erfassung (z.B. Chart-Reviews, IT-gestützte Verfahren, direkte Beobachtung),

- Messung und Prävention (z.B. CIRS, Obduktion, Analyse von juristischen oder Schiedsstellenverfahren),

- Vorhersage und Risikobewertung (Patientensicherheitsindikatoren, Analyse von Routinedaten).

Patientensicherheitsindikatoren erscheinen daher besonders wichtig, da sie in den Institutionen auf Risiken aufmerksam machen und solche Einrichtungen identifizieren, bei denen die Gefahr eines erhöhten Risikos besteht. Auf der Basis einer umfangreichen Analyse der internationalen Patientensicherheitsindikatoren – Sets schlägt der Rat ein Set von 30 Indikatoren vor, das die Grundlage für die weitere deutsche Diskussion bilden kann. Unterschieden werden globale Indikatoren (n = 3), übergreifende Indikatoren (n = 20), Diagnose-bezogene Indikatoren (n = 3), fachspezifische Indikatoren (n = 2) und organisatorische Indikatoren (n = 2) (zu Spezifikation und zu Quellen siehe SVR 2007, Nr. 449 ff).

Im weiteren geht der Sachverständigenrat auf mehrere Fragen ein, die bei der Betrachtung von Patientensicherheitsindikatoren von grundlegender Bedeutung sind:

- *Kompatibilität mit dem Konzept des Qualitätsmanagements:* Patientensicherheitsindikatoren sagen als sogenannte Beinahe-Schäden vermeidbare unerwünschte Ereignisse voraus und entsprechen daher dem Indikatorenkonzept des Qualitätsmanagements.

- *Abgrenzbarkeit gegenüber QM-Indikatoren:* Patientensicherheitsindikatoren stellen hohe Anforderungen an Sensitivität und Machbarkeit, außerdem müssen sie einen ausgeprägten normativen Charakter aufweisen, da bei der Analyse von Schadensfällen speziell auf Regelverletzungen (Fehler) abgehoben wird.

- *Bedeutung der Prozessqualität:* Obwohl Patientensicherheitsindikatoren zunächst als Ergebnisqualitätsindikatoren imponieren, ist die zusätzliche Aufnahme Prozessindikatoren und die Verwendung eines abgestimmten Mix sinnvoll.

- *Routinedaten:* um zu vermeiden, dass Bereiche von den aus Patientensicherheitsindikatoren resultierenden Verbesserungsanstrengungen ausgeschlossen werden, für die keine Routinedaten vorliegen, ist ein abgestimmter Mix von klinischen und aus administrativen Daten gewonnenen Indikatoren vorzuziehen.

- *Einbeziehung von PSI in public-disclosure-Ansätze:* Auf der Basis der nachstehend angestellten Überlegungen gibt der SVR die Empfehlung, Patientensicherheitsindikatoren in public-disclosure-Programme mit aufzunehmen.

Verantwortung

Neben Begriffen wie Qualität, Leitlinien, Evidenz-basierte Medizin, Management und Führung ist der Begriff der Verantwortung (accountability) mehr und mehr in das Zentrum des Interesses gerückt. Zum einen spielt dieser Begriff auf der gesellschaftlichen Ebene bei der Charakterisierung von Unternehmen eine größere Rolle, ein Gesichtswinkel, der auch für Einrichtungen des Gesundheitswesens sinnvoll erscheint: „the public is the patients population". Zum Anderen wird der Begriff der Verantwortung mehr und mehr als Bestandteil adäquater Führungskonzepte im Gesundheitswesen betrachtet. Aktuelle Konzepte des „clinical governance" richten sich in der ersten Linie an die ärztliche Führungsebene und umfassen Qualitätsmanagement, evidenzbasierte Medizin, Leitlinien und Behandlungspfade, Bekenntnis zur Patientensicherheit und zur Patientenorientierung sowie die aktive Auseinandersetzung mit ökonomischen Rahmenbedingungen (Lega et al 2005). Diese Konzepte gehen jedoch auf die Probleme der Expertenorganisationen und auf die spezifischen Anforderungen an die Träger- und Eigentümerstrukturen nicht genügend ein. In Erweiterung des Fokus der o. g. Führungsanforderungen erscheint der Begriff der „clinical corporate governance" sinnvoll, der eine Professionalisierung von Aufsichts- und Eigentümerfunktion und die Integration der ärztlichen Leitungen in die Entscheidung des Managements bei gleichzeitiger Einbindung in die Gesamtinteressen der Institution umfasst, die Fragmentierung der Befugnisse und Verantwortlichkeiten beendet, die Prozessverantwortung aller Beteiligten für den gesamten Behandlungsablauf festschreibt und die Institution in einer sich verändernden Umwelt beschreibt (Schrappe 2009).

Public Disclosure und Pay for Performance (P4P)

In Zusammenhang mit der Diskussion zur Verantwortung (accountability) ging der Sachverständigenrat in seinem Gutachten ausführlich auf Qualitäts-bezogene Anreizsysteme ein. Man unterscheidet hier

- public disclosure: nicht-anonyme Veröffentlichung von Qualitätsdaten
- pay for performance: Qualitäts-bezogene Vergütung

Die nicht-anonymisierte Veröffentlichung von Qualitätsdaten (public disclosure) erzeugt die Anreizwirkung insbesondere über einen befürchteten Reputationsverlust. Die Analyse der Literatur hinsichtlich der Auswirkung auf eine Qualitätsverbesserung auf institutioneller und Systemebene gibt erst dann ein genaues Bild, wenn man die Studien hinsichtlich der untersuchten Adressaten der Qualitätsverbesserung (Patienten, Einweiser, Leistungserbringer) systematisiert. Leider ergibt sich kein sicherer Hinweis darauf, dass Patienten als aktive „Marktteilnehmer" die Qualitätsinformation aufnehmen und für eine Bevorteilung und Stärkung der „besseren" Institutionen sorgen. Patienten sind zwar sehr an Qualitätsinformationen interessiert, machen sie jedoch nicht regelmäßig zur Grundlage ihrer Entscheidungen. Klar lässt sich jedoch herausarbeiten, das Krankenhäuser selbst aktiv werden, wenn public-disclosure Programme wirksam werden, da sie befürchten, in einer Ranking-Tabelle auf einem der letzten Plätze zu landen. Im Gutachten werden die zugrunde liegenden Studien ausführlich dargestellt. Vor Manipulationsmöglichkeiten und unerwünschten Auswirkungen sei an dieser Stelle nochmals gewarnt, Daten können manipuliert werden (gaming), es kann eine aktive Risikoselektion (avoidance) betrieben und riskante Behandlungsmethoden können postponiert werden (withdrawal) (Scott und Ward 2006). In Abschätzung aller positiven und negativen Wirkungen kommt der Rat jedoch zu der Empfehlung, die public disclosure Ansätze im deutschen Gesundheitswesen (wie im Qualitätsbericht nach §137 SGB V vorgesehen) auszuweiten.

Auf die Verknüpfung von Vergütungsbestandteilen an die Qualität der medizinischen Leistung hatte der Sachverständigenrat schon in seinem Gutachten 1997 aufmerksam gemacht (Henke et al. 1997, Kurzfassung, N. 137). Im jetzigen Gutachten wurde zur Frage ein Systematischer Review angefertigt, der der Frage nachging, ob sich in der internationalen Literatur Hinweise für eine Qualitätsverbesserung durch die Einführung von pay for performance-Programmen (P4P) finden lassen. Die Definition von P4P wurde relativ eng gefasst und auf die Qualität der Versorgung beschränkt, zusätzliche Vergütungsbestandteile z.B. für das Erreichen finanzieller Ziele also außer Acht gelassen.

Der Systematische Review umfasst 28 Studien, die Primärdaten in einem kontrollierten Design hinsichtlich festgelegter Endpunkte (z.B. der Einfluss von P4P auf Impfraten oder andere Qualitätsindikatoren) auswerten. Es handelt sich damit um den größten veröffentlichten Review der internationalen Literatur. 21/28 Studien zeigten einen positiven Effekt der P4P-Intervention, von den 7 Studien ohne einen positiven Effekt wiesen 3 Studien ein gemischtes Ergebnis auf. Es lag kein Unterschied zwischen den Studien, die einen einfachen Endpunkt untersuchten (z.b. Impfraten; Erfolg bei 15/19 Studien), und solchen, die komplexe Endpunkte zum Gegenstand hatten (z.b. Qualität der Diabetesversorgung; Erfolg bei 6/9 Studien). Auch hinsichtlich der Frage, ob P4P als alleinige Intervention (positives Ergebnis in 14/18 Studien) oder als komplexe Intervention (7/10) untersucht wurde, ergab sich kein Unterschied. In der Subgruppenanalyse zeigte sich allerdings, dass 12/12 historisch kontrollierte Studien ein positives Ergebnis erbrachten, gegenüber 9/16 Studien mit einem höherwertigen Design (randomisiert, quasi-experimentell oder Case-Control). Es ist also nicht auszuschließen, dass ein durch das Studiendesign bedingter Bias vorliegt, da eine Tendenz zur Überschätzung des Effekts bei methodisch schlechteren Studien vorzuliegen scheint.

Für die Umsetzung in Deutschland erscheinen insbesondere die praktischen Hinweise von Bedeutung, die aus den international durchgeführten Studien ersichtlich sind. So müssen Qualitätsindikatoren nicht nur spezifiziert, sondern auch monetär bewertet werden, beginnend mit der Frage, ob Zuschläge, Abschläge oder beides verwendet werden. In seinen Auswirkungen muss die Vorgehensweise gut bedacht sein, ob man Zuschläge ab einem bestimmten absoluten Grenzwert, ab einer bestimmten Ranking-Position oder ab einer definierten relativen Verbesserung auslöst. Die ersten beiden Vorschläge fördern die „Starken" weiter, der dritte Vorschlag fördert die „nachrückenden" Krankenhäuser. In Großbritannien hat man in Praxen ein sog. Exception Reporting eingeführt, in dem Patienten aus dem Programm ausgenommen werden können, bei denen wegen Komorbidität oder sozialem Hintergrund eine Teilnahme an dem P4P-Programm nicht machbar erscheint (Roland et al. 2004). Letztendlich ergibt sich das klare Bild, dass die administrative Umsetzung einschließlich IT-Unterstützung großer Aufmerksamkeit bedarf, weil P4P Programm sonst an diesen Fragen scheitern.

Zum Design der Programme ergeben weitergehende Fragen, so z.B. ob man einzelne Ärzte anspricht oder Gruppen von Ärzten bzw. Institutionen, ob man die Programme verpflichtend oder freiwillig macht, und ob man Leistungsanbieter-spezifische oder auf die Versorgung der Populationen bzw. Versicherten gerichtete Indikatoren verwendet. Gerade der letzten Punkt erscheint aufgrund der aktuell auch in Deutschland laufenden Diskussion um Populations-bezogene Versorgungsprogramme sehr bedenkenswert, es ergäbe sich z.b. die Möglichkeit, finanzielle Anreize für Aufgaben der Prävention oder Verbesserung der Koordination der Sektoren und Leistungsanbieter in P4P-Programmen umzusetzen. Bei der Spezifizierung der Indikatoren müssen natürlich die (alten) Fragen geklärt werden, inwieweit Prozess- und Ergebnisindikatoren und in welchem Umfang Routinedaten mit klinischen Daten kombiniert werden müssen.

In den meisten P4P-Programmen wird P4P zusammen mit anderen Interventionen eingesetzt, in erster Linie gemeinsam mit public disclosure. Dies erscheint sinnvoll, weil sich die Anreize sinnvoll ergänzen. Allerdings ergeben sich auch Hinweise auf Gefahren monetärer Anreizsysteme, insbesondere wenn die monetäre, externe Motivation bei den Gesundheitsberufen in Konflikt mit der intrinsischen, professionellen Motivation gerät. Ärzten oder Pflegenden für die Verwirklichung ihrer intrinsisch motivierten, professionellen Ziele einere „guten" Patientenversorgung zusätzlich noch finanzielle Anreize anzubieten, kann auch dazu führen, dass diese sich ganz abwenden, weil sie von ihrer Grundhaltung der Ansicht sind, ihre professionelle Motivation bedürfe keiner weiteren Verstärkung von außen. Im Zusammenhang mit dem Kapitel zur Prävention diskutiert der Rat auch mögliche Nachteile von P4P-Programmen vor allem im Hinblick auf die Verstärkung der sozialen Ungleichheit in der Gesundheitsversorgung, wenn diese Programme vor allem die Versorgung von Patienten fördern, die sowieso bereits über einen besseren Zugang zur Versorgung verfügen, während Patienten mit soziale bedingt schlechterer Ausgangslage von diesen Programmen nicht erfasst werden.

Mittlerweile ist die Diskussion fortgeschritten. In Deutschland wurden im Pflegeweiterentwicklungsgesetz die Grundlagen für die Umsetzung von P4P-Programmen geschaffen (§136 Abs. 4 SGB V). In der Kassenärztlichen Bundesvereinigung wird ein Set von Indikatoren für die ambulante Versorgung entwickelt (sog. AQUIK-Programm). In den USA ist am 1.10.2008 eine Regelung in Kraft getreten, die für Medicare-Patienten eine Versichertenleistung bei Eintreten bestimmter Komplikationen ganz ausschließt (z.B. Wundinfektionen bei bestimmten elektiven Eingriffen, s. Graves et al. 2008, Pronovost et al. 2008). Der Sachverständigenrat wird in seinem derzeit in Erarbeitung befindlichen Sondergutachten zur „Generationsspezifischen Gesundheitsversorgung in einer Gesellschaft des längeren Lebens" insbesondere auf die Koordinationsprobleme zwischen den Versorgungssektoren, aber auch zwischen der Versorgung der Generationen und innerhalb von Regionen, in denen angesichts der demographischen Entwicklung und zunehmenden Multimorbidität der Bevölkerung eine Unterversorgung droht, eingehen.

Literatur

Bundesminsterium für Gesundheit (Hrsg.): Angemessenheit medizinischer Leistungen. Appropriateness in Health Care Services. Report of a WHO-Workshop in Koblenz from 23. to 25.3.2000. Band 136 Schriftenreihe des Bundesministerium für Gesundheit, Nomos Verlagsgesellschaft, Baden Baden, 2001

Donebedian, A. (1990): The seven tillars of Quality, Arch. Path. Lab. 114, 1990, 1115-18.

Brook R. H., Chassin, M. R., Fink, A., Solumon, D. H., Kosicoff, J., Park, R. E.: A massage of the detailed assessment of Appropriateness of medical technologies. Health Care 2: 1986, 53-63

Graves, N., McGowan, J.E.: Nosocomial Infection, the Deficit Reduction Act, and Incentives for Hospitals. JAMA 300: 2008, 1577-79

Henke, K.D., van Eimeren, W., Franke, A., Neubauer, G., Scriba, P.C., Schwartz, F.W., Wille, E.: Gutachten des Sachverständigenrates für die Konzertierte Aktion im Gesundheitswesen. Gesundheitswesen in Deutschland. Kostenfaktor und Zukunftsbranche. Kurzfassung, Nomos 1998

Lega, F., Depietro C. (2005): Convertions Patterns in hospital Oranisation beyond the professional bureaucracy. Health Policy, 74: 2005, 261-281

Pronovost, J.P., Goeschel, C.A. Wachter, R.M.: The Wisdom and Justice of Not Paying for "Preventable Complications". JAMA 299: 2008, 2197-2199

Roland, M.: Linking Physicians' Pay to the Quality of Care — A Major Experiment in the United Kingdom. N. Engl. J. Med. 251: 2004, 1448-1454

Schrappe, M., Scriba, P. C. Versorgungsforschung: Inovationstransfer in der klinischen Forschung. Z. ärztl. Fortbild. Qual. Gesundh. Wes. 100: 2006, 571-80

Schrappe, M.: Führung im Krankenhaus – Clinical Corporate Governance, Z. ärztl. Fortbild. Qual. Gesundh. Wes. 2009, in print

Schwartz, F. W., Wille, E., Fischer, C.G., Kuhlmey, A., Lauterbach, K. W., Rosenbrock, W., Scriba, P.C.: Sachverständigenrat für die Konzertierte Aktion im Gesundheitswesen. Bedarfsgerechtigkeit und Wirtschaftlichkeit. Gutachten 2000/2001. Band I: Zielbildung, Prävention, Nutzerorientierung und Partizipation, Band II: Qualitätsentwicklung in Medizin und Pflege, Band III: Über-, Unter- und Fehlversorgung. Nomos, Baden-Baden 2002

Scott, I.A., Ward, M.: Public reporting of hospital outcomes based on administrative data: risks and opportunities. Med J Aust, 184: 2006, 571-575

Wille, E., Scriba, P.C., Fischer, G.C., Glaeske, G., Kuhlmey, A., Rosenbrock, R., Schrappe, M.: Kooperation und Verantwortung. Voraussetzungen für eine zielorientierte Gesundheitspolitik. Gutachten 2007 des Sachverständigenrates für die Begutachtung der Entwicklung im Gesundheitswesen. Band I und II, Nomos, Baden-Baden 2008

Qualitätssicherung und Qualitätsmanagement in einem Krankenhaus mit öffentlicher Trägerschaft

Joachim Bovelet und Detlev Corsepius

Vivantes Netzwerk für Gesundheit – bedarfsgerechte Leistungsstrukturen für die Berliner Gesundheitsversorgung

Vivantes hält bedarfsgerechte Leistungsstrukturen für die Gesundheitsversorgung von 3,5 Mio. Berliner Einwohnern vor. Zu Vivantes gehören 9 Klinika und 12 Senioreneinrichtungen mit 5.000 Betten und insgesamt 13.000 Mitarbeitern. Bei Vivantes werden jährlich 190.000 stationäre Patienten und 250.000 ambulante Patienten behandelt. Vivantes hält ein bedarfsgerechtes, differenziertes Leistungsangebot an seinen Standorten vor:

Grund- und Regelversorgung der Berliner Bevölkerung an allen 9 Standorten:

- Hochwertige allgemein- und unfall-chirurgische, internistische und intensivmedizinische Versorgung
- Rettungsstelle 24 Std. täglich an 7 Tagen pro Woche
- Moderne Diagnostik zur präzisen Ermittlung des Behandlungsbedarfs
- Psychiatrische und psychotherapeutische Behandlung (an 7 von 9 Standorten)
- Umfangreiches Angebot ambulanter Leistungen

Schwerpunktversorgung an 4 Standorten:

- Hochwertige Spezialleistungen
- Umfassende Versorgung von Akut- und Elektivpatienten in der Regel in den Bereichen Kardiologie, Neurologie und Gynäkologie/Geburtsmedizin
- Umfangreiches Angebot hochwertiger ambulanter Leistungen (z.B. Dialyse, Strahlentherapie)

Maximalversorgung an 2 Standorten

- Angebot eines maximalen Versorgungsniveaus in nahezu allen Fachdisziplinen
- Anlaufstelle für die Behandlung schwerwiegender Erkrankungen

Vivantes bietet in Berlin eine Gesamtabdeckung der Gesundheitsversorgung inklusive der ambulanten Rehabilitation und dem Forum für Senioren an.

Wirtschaftlichkeit und Qualität - Erfolgsfaktoren für das Krankenhaus

Aus Sicht des Klinikmanagements lässt sich das in zwei entscheidenden Erfolgsfaktoren zusammenfassen: Wirtschaftlichkeit und Qualität. Und zwar in dieser Reihenfolge, denn auch hier gilt: Wirtschaftlichkeit ist nicht alles für ein Krankenhausunternehmen aber ohne Wirtschaftlichkeit ist alles nichts.

Dass ein Krankenhaus sich unter den Bedingungen der Neuordnung der Krankenhausfinanzierung nur dann auf Dauer am Markt behaupten kann, wenn es eine nachhaltige Kostendeckung erreicht, ist aus Sicht des Krankenhausmanagements eigentlich eine Binsenweisheit – sprich Erwirtschaften der laufenden Kosten und der notwendigen Investitionsmittel (Stichwort Investionsstau und faktisches Ende der dualen Finanzierung).

Das GDRG-System geht in Richtung landes- und perspektivisch bundeseinheitlicher Preise; wenn also für gleiche Leistungen gleiche Preise gezahlt werden, wird die Qualität der Leistungen (neben dem Kostenwettbewerb) zum entscheidenden Wettbewerbsfaktor

Wirtschaftlichkeit und Qualität sind keine sich ausschließenden Gegensätze. Denn die viel zitierte Weisheit „Wer nur auf die Kosten schaut, senkt die Qualität, wer auf die Qualität schaut, senkt auch die Kosten" hat auch hier ihre Berechtigung.

Und das nicht nur, weil auch hier gilt, dass die Kosten für die Korrektur von Fehlern – in unserem Zusammenhang z.B. Komplikation – im Allgemeinen höher sind als die Kosten der primären Qualitätssicherung, sondern vor allem, weil Prozessoptimierung, Standardisierung und Konzentration bestimmter Leistungen an Zentren geeignet – ja erforderlich – sind um gleichermaßen die Wirtschaftlichkeit zu steigern und die Qualität zu auf hohem Niveau zu sichern und oft auch zu steigern.

Die Frage lautet also nicht „Wie viel Qualität können wir uns leisten?" sondern „Wie viel Qualität müssen wir uns leisten?"

Grundsatzentscheidung zur unternehmensweiten Anwendung des EFQM-Modells für Business Excellence

Die Vielzahl von QM-Systemen, branchen- und fachspezifischen Zertifizierungsansätzen ist vor allem auch ein Markt, ein Geschäft. Wir sprechen hier ja für ein größeres Krankenhaus ganz schnell von hohen 6stelligen Beträgen.

Vor dem Hintergrund der nicht unerheblichen internen und externen Kosten ist die Erstellung von Handbüchern und Durchführung von Zertifizierungen, die dann in der Schublade (oder im Regal) verschwinden besonders kritisch zu beurteilen.

Diese Überlegung spielte auch eine wesentliche Rolle bei der Entscheidung von Vivantes für ein QM-System. Die Anforderungen an ein QM-System bei Vivantes lauteten:

- Kontinuierliche Verbesserung
- Ergebnisorientierung
- Kosten-/Nutzenbewertung
- Fokus auf Patientensicherheit
- Qualitätstransparenz und Kundenorientierung

Die Umsetzung dieser Anforderungen führte im Jahr 2006 zur Grundsatzentscheidung der unternehmensweiten Anwendung des EFQM-Modells für Business Excellence bei Vivantes. Die Eigenschaften des EFQM-Modells für Business Excellence sind:

- Selbst- vor Fremdkontrolle
- Umfassender und systematischer Ansatz
- Vorgehen bedarfsgerecht an Erfordernisse des Unternehmens anzupassen, kein formales „Überstülpen"
- Ressourcenverbrauch gut steuerbar
- Finden eigener Lösungen wird unterstützt („... Vivantes Excellence-Modell ...")
- Hoher Stellenwert der Ergebnisse
- Priorisierung und Vergleiche werden angeregt
- Kontinuierliche Anwendung leistbar

Viele QM-Systeme -auch das EFQM-Modell - sind geeignet, den Betrachter mit ihrer sehr eigenen und oft sperrigen Sprache zu verwirren - wenn nicht abzuschrecken. Dabei sind es eigentlich wenige ganz einfache Fragen, die wir damit systematisch beantworten wollen:

- Was machen wir und wie machen wir es?
- Was kommt dabei heraus?
- Wie lernen wir aus den Ergebnissen?
- Besteht ein Zusammenhang zwischen Maßnahmen und Ergebnissen?

Grundlage des kontinuierlichen Verbesserungsprozesses im EFQM-Modell - man könnte auch sagen der systematische Start des PDCA-Zyklus (Plan - Do - Check -Act) - ist die Informations- und Datensammlung, die wir aus Gründen der Effizienz vorwiegend im Interviewverfahren durchführen. Daraus entsteht eine Stärken-Schwächenanlayse - das sogenannte Bewertungsbuch.

Die Zielsetzung bei Vivantes lautete:

- Erster Selbstbewertungszyklus in allen 9 Vivantes Krankenhäusern innerhalb von anderthalb Jahren.
- Einbeziehung aller Abteilungen aber Aufwand für klinische Bereiche so gering wie möglich.
- Fokus auf Stärken- und Schwächenanalyse.
- Ableitung konkreter Maßnahmen.
- Priorisierung von Maßnahmen.

Umfassendes systematisches Qualitätsmanagement mit Ergebnisorientierung

Mehr als bei allen anderen QM-Systemen richtet sich der Blick beim EFQM-Modell auf die Ergebnisse. (Im EFQM-Modell Hauptkriterium Nr. 9). Und weil das so ist - und wir uns ja unter anderem gerade deshalb für diesen Ansatz entschieden haben - spielt natürlich auch die Arbeit mit den verschiedensten Kennzahlen eine besondere Rolle. Einige Beispiele sollen das illustrieren:

- Leistungsvergleiche auf Basis von Routinedaten
- Qualitätskennzahlen aus dem BQS Verfahren
- Kennzahlenroutine aus kontinuierlichen Befragungen und Erhebungen
- Sektorenübergreifende Analysen aus Abrechnungsdaten

Dazu gehört natürlich auch die Darstellung der medizinischen Ergebnisqualität auf Grundlage von Routinedaten, selbstredend - und nicht nur weil es die EFQM fordert - im internen und externen Vergleich.

Wir glauben allerdings auch, dass die - mit ja nicht unerheblichem Aufwand erhobenen - Daten der externen Qualitätssicherung (sog. BQS-Verfahren) über die Routinedaten hinaus für das Qualitätsmanagement eine wichtige Grundlage bieten. Es wäre sträflich diesen Fundus, um den wir in anderen Ländern beneidet werden, nicht zu nutzen.

Selbstverständlich gehören aber auch die Resultate weiterer Erhebungen und Befragungen zur Beurteilung und Darstellung der Ergebnisse unseres Tuns, allem voran die Sicht des Kunden in unserer kontinuierlichen Patientenbefragung.

Und wir werden künftig den Blick über den Tellerrand des Krankenhauses hinaus richten müssen. In vielen Bereichen ist eine Beurteilung der Qualität der Behandlung bei Einengung des Blicks auf die reine Krankenhausbehandlung ja kaum möglich - z. B. im Bereich der Endoprothetik, um eines von vielen Beispielen zu nennen.

Die sektorübergreifende Betrachtung im Längsschnitt ist daher zwingend erforderlich. Analysen auf Basis der Abrechnungsdaten der AOK bieten hier einen ersten Ansatz.

Qualität und Transparenz

Unabhängig davon, dass es hierbei auch große Unterschiede der Qualität der Qualitätsdarstellung gibt, liegt Transparenz auch im Interesse der Leitungsanbieter, in unserem Fall der Krankenhäuser, selbst. Denn es nützt auf Dauer gar nichts hoch qualitative Leistungen anzubieten und niemand weiß davon.

An dieser Stelle kommt besonders auch von den Kliniken selbst immer wieder gern der Einwand, die Darstellung von Kennzahlen zur medizinischen Prozess- oder Ergebnisqualität verstehe der Patient oder der Versicherte als potentieller Patient ja doch nicht.

Abgesehen davon, dass hier vom Hausarzt über Selbsthilfegruppe und Patientenvertreter bis hin zu kommerziellen Anbietern zahlreiche Informationsvermittler Hilfestellung leisten, gilt immer noch unverändert die schon 1996 A. Peters getroffene Feststellung:

„Unabhängig davon, ob man Patienten für fähig hält, die medizinische Leistung zu beurteilen: Tatsache ist, dass sie genau das tun, und dass diese subjektive Einschätzung faktische Bedeutung hat."

Premiumversorgung durch das KV-System
Axel Munte

Das Monopol der Kassenärztlichen Vereinigungen wird gebrochen – zu Recht?

Das Prinzip des Kollektivvertrags ist weltweit einzigartig. In seiner idealen Form sichert er eine einheitliche, wohnortnahe Versorgung mit hausärztlichen, fachärztlichen und psychotherapeutische Leistungen unabhängig von Kassenzugehörigkeit und Wohnort. Die Organisation der Versorgung durch die Kassenärztlichen Vereinigungen für alle gesetzlichen Krankenkassen ist durch die Bündelung äußerst effizient, denn die Verwaltungsaufwände der Kassenärztlichen Vereinigungen betragen nur rund zwei bis drei Prozent des Honorarvolumens. Den Kassenärztlichen Vereinigungen wären in den letzten Jahrzehnten durch ihre herausgehobene und gesetzlich geschützte Stellung als Träger der kollektivvertraglichen Versorgung alle Möglichkeiten offen gestanden, dieses Prinzip zum Wohle der Patienten zu verwirklichen. Leider sah die Realität oft anders aus: Durch eine einseitige Auslegung des gesetzlichen Auftrags, die ärztlichen und psychotherapeutischen Interessen zu vertreten, geriet das Gemeinwohl und die Relation von angemessenem Honorar und Gegenleistung zu oft aus dem Blick. Versuche einer sanften Evolution des KV-Systems von innen heraus zeigten aus der Sicht des Gesetzgebers nicht schnell genug Wirkung – die revolutionäre Abschaffung des Monopols der Kassenärztlichen Vereinigungen durch die Förderung der Selektivverträge war die an sich logische Konsequenz.

Der Weg: Schwächung des Kollektivvertrags

Der Name ist Programm – das GKV-Wettbewerbsstärkungsgesetz (GKV-WSG), das am 1. April 2007 in Kraft getreten ist, verankert endgültig Wettbewerb als zentrales Element neben der solidarischen, kollektivvertraglichen Vollversorgung im deutschen Gesundheitssystem. Mit diesem Schritt hat der Gesetzgeber den Weg vom Gesundheitswesen zur Gesundheitswirtschaft, der bereits mit dem GKV-Modernisierungsgesetz (GMG) im Jahr 2004 eingeschlagen wurde, konsequent fortgeführt. So wurden die Möglichkeiten von so genannten Selektivverträgen, also von Direktverträgen zwischen den Krankenkassen und Leistungsanbietern, deutlich ausgeweitet: Neben der bereits früher eingeführten, sektorübergreifenden Integrierten Versorgung im § 140 a ff. SGB V können diese Direktverträge nun auch für die hausarztzentrierte Versorgung nach § 73 b SGB V und für besondere ambulante Leistungen nach § 73 c SGB V abgeschlossen werden.

Der Kollektivvertrag ist damit künftig nicht mehr das einzige Organisationsprinzip der ambulanten ärztlichen Versorgung der gesetzlich Versicherten in Deutschland – und die oft kritisierte Mehrklassenmedizin wird auch im Bereich der gesetzlichen Krankenversicherung (GKV) Realität.

Für alle Arten der Selektivverträge ist zudem vorgesehen, das kollektivvertragliche Gesamtbudget um das Vergütungsvolumen für diejenigen Leistungen abzusenken, die über Direktverträge vergütet werden, sofern es gelingt, Leistungen aus dem Kollektivvertrag in die Selektivverträge zu verlagern. Kollektiv- und Selektivvertrag stehen also auch unmittelbar im Wettbewerb – und das jahrzehntelang als sicher geltende Geschäftsmodell der Kassenärztlichen Vereinigungen gerät unter Druck.

Der Wettbewerb wird gelebt: die Akteure nutzen ihre Möglichkeiten.

Schon in der relativ kurzen Zeit, in der die Option der Direktverträge besteht, konnten diese ein beachtliches Volumen erreichen, auch wenn dieses immer noch einen vergleichsweise kleinen Anteil an den Versorgungsausgaben darstellt. Berücksichtigt man jedoch, dass bislang fast ausschließlich die Vertragsgrundlage des § 140 a ff. SGB V mit den dort vorgegebenen Restriktionen genutzt wurde, und dass derzeit im Wesentlichen neue Versorgungsansätze kleinräumig pilotiert wurden, so ist eine rasche Fortsetzung dieser Entwicklung zu erwarten.

Ein Grund dafür ist, dass nach der Einführung des einheitlichen Beitragssatzes hauptsächlich der Bereich der Direktverträge verbleibt, um als Krankenkasse mit individuellen Angeboten um attraktive Versicherte werben zu können. Im Bereich des Kollektivvertrags ist eine bundesweit einheitliche, für alle Krankenkassen gleichermaßen geltende standardisierte Vergütungsordnung ab 1. Januar 2009 in großen Teilen gesetzlich vorgeschrieben. Zusammen mit der ebenfalls zum 1. Januar 2009 eingeführten Verpflichtung der Kassenärztlichen Vereinigungen, den Kollektivvertrag mit allen Krankenkassen gemeinsam und einheitlich zu vereinbaren, wird damit der Leistungskatalog außerhalb der Direktverträge für alle Krankenkassen sowohl im Inhalt als auch in den Kosten vereinheitlicht.

Neben Erwägungen im Bereich der Versichertengewinnung und -bindung bildet auch die Systematik des ab 2009 vorgesehenen, morbiditätsgestützten Risikostrukturausgleichs einen Anreiz für den Abschluss von flächendeckenden Direktverträgen. Die Krankenkassen erhalten für jeden ihrer Versicherten künftig einen Betrag aus dem Gesundheitsfonds, der die durchschnittlichen Behandlungskosten für einen Versicherten mit dieser Diagnose im Bundesdurchschnitt aller Kassen decken soll. Diejenige Krankenkasse erwirtschaftet also positive

Deckungsbeiträge, die es schafft, durch spezielle Versorgungsangebote ihre Versicherten günstiger zu versorgen. Da der Bundesdurchschnitt als Referenz dient, kann ein solcher Vorteil nur durch kassenindividuelle Konzepte erreicht werden.

Anpassen oder Untergehen – die Kassenärztlichen Vereinigungen auf der Suche nach einem neuen Geschäftsmodell

Der Kollektivvertrag wird trotz der Möglichkeiten des Selektivvertrags mittelfristig die wichtigste Geschäftsgrundlage der Kassenärztlichen Vereinigungen bleiben. Durch das Korsett der gesetzlichen Vorgaben und Restriktionen, das den Kollektivvertrag einengt und die Vertragsärzte an „ihrer" Kassenärztlichen Vereinigung verzweifeln lässt, besteht jedoch das Risiko, wesentliche Marktanteile an die Direktverträge zu verlieren. Ziel der Kassenärztlichen Vereinigung Bayerns (KVB) ist es deshalb, den Kollektivvertrag zu einem attraktiven Angebot für die Krankenkassen und deren Kunden, die gesetzlich Versicherten, aber auch für die Mitglieder der KVB weiter zu entwickeln.

Ein wesentliches Manko des Kollektivvertrags liegt im pauschalen Ansatz der ärztlichen Vergütung. Denn die Höhe des Honorars richtet sich jeweils nur nach der Art der erbrachten Leistung, nicht aber nach deren Qualität. Lediglich in Einzelfällen muss der Arzt - meist einmalig - eine besondere fachliche Qualifikation nachweisen, um bestimmte Leistungen für gesetzliche Versicherte anbieten zu können. Viele der bundesweiten Richtlinien für die Qualität ärztlicher Leistungen halten jedoch mit der medizinischen und technischen Entwicklung nicht Schritt. Die Vielzahl der Leistungsbereiche wirkt als Bremse bei der Aktualisierung, und so dauert es oft Jahre, bis Neuregelungen formuliert sind. Ein typisches Beispiel ist die Ultraschallvereinbarung von 1993, die erst mit ihrer Anpassung am 1. Januar 2009 nach nunmehr 16 Jahren wieder dem aktuellen Stand der Technik entspricht.

Bereits seit 2001 hatte die KVB deshalb gemeinsam mit den bayerischen Krankenkassen bundesweit einmalige, regionale Qualitätsmaßnahmen zum Beispiel für die Darmspiegelung (Koloskopie) im Kollektivvertrag entwickelt und umgesetzt. Wesentlicher Bestandteil war stets eine qualitätsabhängige Vergütung: Ärzte und Psychotherapeuten, die eine besonders hohe Qualität ihrer Versorgung nachweisen, erhalten einen Honorarzuschlag. Wer eine Qualität unterhalb des bayerischen Standards anbietet, erhält für die gleichen Leistungen eine geringere Vergütung als bisher.

Durch dieses Vorgehen konnte auch im Kollektivvertrag eine gewisse Auswahl von Leistungsanbietern nach Qualitätskriterien erreicht werden – eine wichtige Grundlage, um konkurrenzfähig zu den potenziell sehr differenzierenden Angeboten der Selektivverträge zu bleiben. Der Kollektivvertrag weist hier sogar einen entscheidenden Vorteil gegenüber den Selektivverträgen auf: die Möglichkeit, auch Vergütungsabschläge zu vereinbaren, in Verbindung mit der automatisch bindenden Wirkung für alle niedergelassenen Ärzte und Psychotherapeuten, stellt ein einmaliges und wirksames Steuerungsinstrument zur Qualitätsverbesserung dar.

Knüppelwurf des Gesetzgebers – auf Kosten des Kollektivvertrags?

Die Fortsetzung der zum Teil auch international anerkannten Qualitätsprogramme der KVB war jedoch gefährdet. Das am 1.4.2007 in Kraft getretene Wettbewerbsstärkungsgesetz für die Gesetzliche Krankenversicherung (GKV-WSG) verankerte die Regelungshoheit für die Qualitätssicherung und für die Festlegung der ärztlichen und psychotherapeutischen Vergütung ausschließlich bei den Bundesgremien. Regionale Qualitätsverträge sollten ab dem 1.1.2009 der Vergangenheit angehören, denn Qualitätsanforderungen sollte ab 2009 nur noch der Gemeinsame Bundesausschuss bestimmen. Einer qualitätsabhängigen Vergütung der Ärzte und Psychotherapeuten im Gesamtvertrag sollten sehr enge Grenzen gesetzt werden. Deshalb hat sich die KVB mit aller Kraft dafür eingesetzt, weiterhin regionale Qualitätsprogramme auch im Gesamtvertrag zu ermöglichen. Denn diese können wesentlich schneller und flexibler als die Bundesgremien aktuelle medizinische und technische Erkenntnisse umsetzen.

Mit dieser Botschaft und den bayerischen Erfolgsbeispielen ist die KVB an die politischen Entscheidungsträger herangetreten – mit Erfolg: im Frühjahr 2008 wurde die erhoffte Gesetzesänderung Realität. Die KVB konnte erreichen, dass § 136 des Bundessozialgesetzbuchs V um den für die Fortentwicklung der Kassenärztlichen Vereinigungen entscheidenden Absatz 4 ergänzt wurde. Dieser bildet eine Grundlage, um auch in Zukunft auf Landesebene Qualitätsprogramme im Rahmen des Gesamtvertrags einschließlich qualitätsbezogener Auf- bzw. Abschläge bei der Vergütung vereinbaren zu können. Der „Qualitätsparagraph" durchbricht das staatsmedizinische Dogma einer bundesweiten Normierung der kollektivvertraglichen Versorgung, die mit dem GKV-WSG bis dahin durchgängig durchgesetzt worden wäre. Denn der § 136 Absatz 4 SGB V ermöglicht nicht nur die Festlegung regionaler Qualitätsstandards, die über die Vorgaben des Gemeinsamen Bundesausschusses hinausgehen, und die Vereinbarung einer qualitätsabhängigen Vergütung entsprechend dieser höheren Standards – er schafft auch die Möglichkeit, solche Qualitätsmaßnahmen individuell mit einzelnen Krankenkassen oder Kassenverbänden zu vereinbaren. Dies steht in direktem Gegensatz zur Maxime des „gemeinsamen und einheitlichen" Vorgehens aller Krankenkassen im Kollektivvertrag, die durch das GKV-WSG vorgeschrieben worden war.

Das Qualitätsprogramm „Ausgezeichnete Patientenversorgung"

Die Chance des neuen Paragraphen 136 Absatz 4 SGB V hat die KVB genutzt, um das "Qualitätsprogramm Ausgezeichnete Patientenversorgung" ins Leben zu rufen – ein bundesweit einmaliges Gesamtpaket aus über vierzig Qualitätsmaßnahmen. Ermöglicht wurde das Programm durch die Unterstützung der bayerischen Betriebskrankenkassen, die den Vertrag als Vorreiter in den Reihen der Krankenkassen zum 1. Juli 2008 unterschrieben haben.

Die Grundlage für das „Qualitätsprogramms Ausgezeichnete Patientenversorgung" bilden die Qualitätsmaßnahmen im Bereich der Darmspiegelung, der Brustkrebsdiagnostik und der Hygiene, die bereits seit mehreren Jahren mit Erfolg in Bayern umgesetzt werden. Am 1. Juli 2008 kamen zwei neue Maßnahmen hinzu: das Qualitätsmanagement bei ausgewählten ambulanten Operationen und die elektronisch dokumentierten Ultraschalluntersuchungen im Rahmen der Schwangerschaftsvorsorge. Seither konnte die KVB das Programm sukzessive um weitere Qualitätsmaßnahmen für unterschiedlichste Versorgungsbereiche ergänzen. Aktuelle medizinische und technische Erkenntnisse sowie moderne Qualitätssicherungsmethoden wie computerbasierte Fachprüfungen oder elektronische Dokumentation werden dabei einbezogen. Die wissenschaftliche Evaluation der einzelnen Maßnahmen liefert Erkenntnisse im Bereich der Versorgungsforschung und schafft die Basis für eine laufende Verbesserung.

Mittelfristig ist das Ziel der KVB, diesen Qualitätsgedanken nicht nur im Kollektivvertrag, sondern auch im Rahmen ihrer Möglichkeiten im Selektivvertrag anzubieten und sich dadurch als Premiumanbieter für medizinische Versorgung zu positionieren.

Qualität als Markenzeichen – eine Renaissance für das KV-System?

Marketing spielte bislang in der Welt der Kassenärztlichen Vereinigungen eine unbedeutende Rolle und war – soweit überhaupt vorhanden – nur auf die Mitglieder ausgerichtet. Doch angesichts eines wachsenden Angebots an Versorgungsangeboten navigieren Patienten zunehmend bewusst und selbstständig durch das Gesundheitssystem und auch Krankenkassen informieren und steuern vermehrt ihre Versicherten. Es gilt also, nicht nur Verträge abzuschließen, sondern auch über das Leistungsspektrum in geeigneter Weise zu informieren. Dass viele Vertragsärzte diese Notwendigkeit erkannt haben, zeigt die aktuelle Studie „Ärzte im Zukunftsmarkt Gesundheit 2007": etwa fünfzig Prozent der Befragten beurteilten Werbemaßnahmen für die eigene Praxis als wichtig oder sehr wichtig.[1]

Qualität sichtbar zu machen – das ist daher das Ziel der neuen Qualitätsmarke "Ausgezeichnete Versorgung": An ihr sollen Patienten künftig erkennen, in welcher Praxis höchste Qualitätsstandards eingehalten werden. So können sie sich gezielt für einen Arzt entscheiden, der durch seine Teilnahme an Qualitätsmaßnahmen der KVB seine hohe Qualität für bestimmte medizinische Leistungen objektiv nachgewiesen hat. Praxismarketing ist ein wichtiges Stichwort: Die objektive Bestätigung der eigenen Qualität soll für die teilnehmenden Ärzte zu einem entscheidenden Wettbewerbsvorteil werden.

Dazu zeichnet die KVB alle Ärzte, die an den Qualitätsmaßnahmen mit Erfolg teilnehmen, mit einem Zertifikat und dem Gütesiegel „Ausgezeichnete Patientenversorgung" aus. Auf einer eigenen Internetseite www.ausgezeichnete-patientenversorgung.de werden alle zertifizierten Ärzte veröffentlicht. Außerdem können sich Patienten und Fachbesucher über das Qualitätsprogramm und einzelne Maßnahmen informieren.

Abschied vom behördlichen Denken

Für eine Kassenärztliche Vereinigung ist dieser Ansatz revolutionär, gehörte es doch jahrzehntelang zum Selbstverständnis, nicht zwischen den Mitgliedern zu differenzieren. Dieser Punkt illustriert das Ausmaß des Wandels der äußeren Rahmenbedingungen, auf die es zu reagieren gilt. Durch die neuen Tätigkeitsfelder entstehen neue Aufgaben, für die das bestehende Personal qualifiziert oder Mitarbeiter mit neuen Qualifikationen aufgebaut werden müssen. In der KVB wurden Struktur und Tätigkeit rund eines Drittels der Mitarbeiter maßgeblich verändert. Konsequente Personalentwicklung – in Behörden selten vorhanden – bekam somit eine hohe Bedeutung: so wurde ein strukturiertes Beurteilungs- und Zielvereinbarungssystem sowie ein stärkerer Leistungsbezug des Gehalts eingeführt. Durch die Automatisierung von Prozessen konnte das Personal für einfache Abläufe im Rahmen der klassischen hoheitlichen Aufgaben wie der Abrechnung um rund ein Drittel reduziert werden. Dafür wurden neue Unternehmensbereiche wie Controlling, Projektmanagement, Verordnungsmanagement, Datenmanagement, Kommunikation und Service mit über 200 Mitarbeitern aufgebaut.

Doch nicht nur die Aufgabenbereiche, auch die Strukturen wurden grundlegend verändert. Acht praktisch gleichrangige Bezirksstellen wurden zu einer

---

[1] Ärzte im Zukunftsmarkt Gesundheit 2007, Repräsentative Studienreihe der Stiftung Gesundheit, durchgeführt durch die GGMA Gesellschaft für Gesundheitsmarktanalyse, Kurzfassung, nachzulesen auf: http://www.stiftung-gesundheit.de/arzt-auskunft/start_aa.htm

Zentrale in München, zwei Kernstandorten in Nürnberg und Regensburg und vier regionalen Servicestandorten umgestaltet. Im Jahr 2007 hat die KVB darüber hinaus begonnen, unter wirtschaftlichen Gesichtspunkten geeignete Tätigkeitsbereiche in privatwirtschaftliche Organisationsformen zu überführen. So wurde eines von drei medizinischen Call Centern zur Vermittlung des ärztlichen Bereitschaftsdienstes in die einhundertprozentige Tochtergesellschaft Gedikom GmbH am Standort Bayreuth ausgelagert. Neben der Einsparung von Kosten ist erklärtes Ziel, die Leistungen der Gedikom auch weiteren Kunden, beispielsweise Krankenkassen, anzubieten. Mit Erfolg: so bietet z.B. seit November 2007 die Gmünder ErsatzKasse GEK ihren Versicherten einen Service zur Vereinbarung von Arztterminen an – vermittelt von der Gedikom GmbH.

Die KVB beabsichtigt, den von ihr eingeschlagenen Weg regionaler Qualitätsmaßnahmen im Kollektiv- und Selektivvertrag, der Herstellung von Transparenz gegenüber den Patienten und der internen Modernisierung des „Unternehmens" KVB konsequent weiterzugehen. Dennoch steht zu befürchten, dass eine erneute Gesundheitsreform eine weitere Schwächung oder gar Abschaffung des KV-Systems in die Wege leitet, bevor es uns gelingt, durch eine konsequente Orientierung an den Patienteninteressen Politik und Öffentlichkeit von der Bedeutung eines optimalen KV-Systems für das Gemeinwohl zu überzeugen. Wir sehen es daher als unsere Aufgabe, innerhalb des KV-Systems und bei den politischen Entscheidungsträgern für unseren Weg zu werben – zum Erhalt des einzigartigen Prinzips des Kollektivvertrags in einer pluralistischen Vertragslandschaft und zum Wohle der Patientinnen und Patienten.

Qualitätssicherung aus Sicht der Ärztekammern
Günther Jonitz

Die Verpflichtung des Arztes sowohl der Gesundheit des Einzelnen zu dienen, als auch im Sinne des Gemeinwohls verantwortlich zu handeln, ist bis heute der zentrale gesellschaftliche Auftrag, den die Ärzteschaft übernommen hat. Dieser ordnungspolitische Kernauftrag ist in der Berufsordnung, den Heilberufe- und Kammergesetzen der Länder sowie in der Weiterbildungs- und in der Fortbildungsordnung festgeschrieben. Durch ihre spezifische Problemlösungskompetenz trägt die ärztliche Profession in zentraler Weise dazu bei, eine hochwertige, gesundheitliche Versorgung und eine humane Betreuung für Patienten zu gewährleisten. Als Körperschaften öffentlichen Rechtes überwachen die Ärztekammern dabei die Erfüllung der Berufspflichten und tragen für die Sicherung der ärztlichen Berufsausübung Sorge.

"In den Städten und auf dem Landes seien in Verfertigung und Austeilung der Arzneien und Kuren der Kranken große und höchst gefährliche Mißbräuche eingerissen, wodurch nicht allein die von Gott zu des Menschen Nutzen und sonderbaren Erhaltung offenbarte Arzneikunst in spöttlicher Verachtung und Vilipendenz geraten, sondern auch die Leute zum öfteren auch um ihre Gesundheit und Wohlfahrt, ja gar um Leib und Leben gebracht werden.

Zur Remedierung angezogener Mängel und Ungelegenheiten und zur fleißigen Aufsicht und sorgfältigen Beobachtung des Arzneiwesens und aller dazugehörigen Leute, die Apotheker, Barbiere, Wundärzte, Hebammen, Okkultisten, Bruch- und Steinschneider, Bader und dergleichen wird für die Mark Brandenburg ein Collegium Medicum gebildet, das aus den angesehensten Ärzten zusammengesetzt ist und zur Durchführung seiner Aufgabe Zwangsrechte erhält."

Medizinal-Edikt des Großen Kurfürsten vom 12. Juni 1685

Dr. Günther Jonitz, Nov. 2008

Die historischen Wurzeln dieser Art der Qualitätssicherung reichen weit in das 17. Jahrhundert zurück. Am 12. Juni 1685 wurde im Medizinaledikt des Großen Kurfürsten des Landes Brandenburg festgestellt, dass es in der Patientenbetreuung und -behandlung erhebliche Probleme und Missbräuche gebe, weshalb er ein „Collegium Medicum" gebildet hat, welches Mängel und Ungelegenheiten beseitigen und die dazugehörigen Berufsgruppen beaufsichtigen soll.

Dieses Organisationsprinzip hat sich nicht nur dem Grunde nach erhalten, es findet sich auch in anderen Bereichen z.B. unter dem Stichwort „Lean Management" in der Betriebswirtschaft und den Organisationswissenschaften wieder.

Die spezifische Rolle der Ärztekammern in der Qualitätssicherung lässt sich mit einem Blick auf die Ursachen der aktuellen Qualitätsdiskussion veranschaulichen. Die Thematisierung von „Qualität" in der Medizin geht aus zwei grundlegenden Entwicklungen hervor: Im Guten ist die Leistungssteigerung – wenn nicht gar „Leistungsexplosion" – zu nennen, die die Möglichkeiten der Patientenversorgung in den letzten 20-30 Jahren fundamental verändert hat. War z.B. die Schenkelhalsfraktur eines 18-Jährigen in den 70er Jahren nahezu ein Todesurteil, da nicht operier- und anästhesierbar wie zu Zeiten Rudolf Virchows, der 1902 an den Folgen einer Schenkelhalsfraktur verstorben ist, so sind in der Gegenwart sowohl Narkosen wie hüftgelenkersetzende Operationen auch bei Höchstbetagten tägliche Routine. Für die internistischen Fächer sei exemplarisch auf die Entwicklung der Therapie der so genannten „Zuckerkrankheit" hingewiesen. Gab es für die Generation unserer Großeltern lediglich die Wahl zwischen Insulin oder Diät, kann inzwischen ein Typ-I-Diabetiker – eine entsprechende Mitarbeit vorausgesetzt – davon ausgehen, dass er praktisch die gleiche Lebenserwartung hat wie ein ansonsten Gesunder. Ein einschlägiges Beispiel dafür mag etwa die Schauspielerin Halle Berry sein, die als insulinpflichtige Diabetikerin nicht nur ihre Karriere nahtlos fortsetzen konnte, sondern auch als 42-Jährige erstgebärend eine Familie gründete. Je besser, aber auch je vielfältiger und damit unübersichtlicher Medizin wird, umso deutlicher tritt die Frage in den Vordergrund, wie sich „gute" medizinische Qualität definieren lässt. Denn der Begriff „Qualität" beschreibt zunächst einmal ganz abstrakt eine „Eigenschaft" der Patientenversorgung[1], die unterschiedlichen Einflüssen unterliegt und deshalb auch ganz unterschiedliche Ausprägungen haben kann. Die gesteigerte Leistungsfähigkeit der Medizin geht einher mit der Problematik ihrer Finanzierbarkeit. Der ökonomische Druck wiederum wirkt sich mittelbar durch die sinkende Arbeitszufriedenheit der im Gesundheitswesen Tätigen als auch unmittelbar über die Folgen von fehlsteuernden Anreizen („Was sich nicht rechnet, findet nicht statt"[2]?) auf die Qualität der Patientenversorgung aus. So haben Erfahrungen aus den USA gezeigt, dass mit der Einführung von Fallpauschalen

---

[1] Donabedian A. Evaluating the Quality of Medical Care. Milbank Mem Fund Q. 1966;44(3): Suppl:166-206

[2] Leidner O. Was sich nicht rechnet, findet nicht statt. Dtsch Ärztebl 2009; 106(28-29): A 1456-0

die Behandlungszeiten im stationären Bereich zwar verkürzt werden konnten, sich die Behandlungsergebnisse jedoch verschlechtert haben.

Einfluss von Fallpauschalen/DRGs bei älteren Patienten mit Pneumonie

	1992	1997	Diff. %
Stationäre Verweildauer ∅ Tage	11,9	7,7	-35,3 %
Krankenhauskosten pro Fall	$ 9228	$ 6897	-25,3 %
Mortalität während des stationären Aufenthalts	14,1 %	12,0 %	-14,9 %

Quelle: Mark L. Metersky et al. (University School of Medicine / Connecticut, USA)
- Temporal Trends in Outcomes of Older Patients With Pneumonia -
(Arch Intern Med. 2000; 160:3385-3391)

Dr. Günther Jonitz, Nov. 2008

Einfluss von Fallpauschalen auf die Qualität der medizinische Behandlung bei älteren Patienten mit Pneumonie

	1992	1997	Diff. %
Tod innerhalb 30 Tage nach Aufnahme	15,7 %	17,8 %	13,4%
Tod innerhalb 30 Tage nach Entlassung			
∑ alle Patienten	6,9 %	9,3 %	+ 34,8 %
∑ Verlegung in Pflegeeinrichtung	14,9 %	16,5 %	+ 10,7 %
Verlegung in Pflegeeinrichtung	30,3 %	43,1 %	+ 42,2 %
Stationäre Wiederaufnahme wg. Rückfall	3,0 %	3,7 %	+ 23,3 %

Quelle: Mark L. Metersky et al. (University School of Medicine / Connecticut, USA)
- Temporal Trends in Outcomes of Older Patients With Pneumonia -
(Arch Intern Med. 2000; 160:3385-3391)

Dr. Günther Jonitz, Nov. 2008

Das Spannungsfeld von ökonomischen Gesichtspunkten und medizinischen Entscheidungskriterien wirkt sich auch bei uns seit einigen Jahren massiv auf den ärztlichen Handlungsbereich aus. Ärzte sehen sich verstärkt mit dem Konflikt konfrontiert, der zwischen ihrem ureigensten ärztlichen Anliegen, das bestmögliche medizinische Behandlungsziel für den Patienten zu erreichen, und dem Kalkulieren von Budgets besteht. Auf diese grundlegende Problematik hatte beispielsweise Hagen Kühn in einer Anhörung vor dem Deutschen Bundestag bereits im Jahre 1999 dezidiert hingewiesen: „Durch die Einführung von DRGs hängt der wirtschaftliche Erfolg resp. das wirtschaftliche Überleben der Leistungserbringer von dem Umfang ab, in dem sie Kosten bzw. Leistungen minimieren. Damit wird eine Dynamik in Gang gesetzt, die die Patienten einem Versorgungsrisiko aussetzt. Dies kann individuell kaum abgewehrt werden, insbesondere wenn Patienten krankheitsbedingt eingeschränkt sind oder Schichten mit geringerer Bildung angehören. Obwohl dieses Risiko in der internationalen Diskussion weitgehend unbestritten ist, existiert derzeit kein praktikables System, das in der Lage wäre, all die subtilen Mechanismen zu entdecken, mit denen bei so komplexen Dienstleistungen betriebliche Kosten am Patienten und für die Öffentlichkeit in Form von Risikoselektion, impliziter Rationierungs- und Qualitätseinschränkung weitergereicht werden."

Auf die Gefahren einer einseitig auf die Kostenminimierung gerichteten Strategie hat beispielhaft auch der Geschäftsführer einer Klinik hingewiesen:

„Mit ca. 65 bis 70% stellt der Personalbereich den Hauptblock der Kosten dar. ... Für die Krankenhausleitung bleibt die qualitative Besetzung (zum Beispiel AiP anstelle Assistenzarzt) der Stellen, die Anzahl der Stellen und Teile der variablen Personalkosten (Bereitschaftsdienste) beeinflussbar. Die Einhaltung des extern vereinbarten Personalbudgets, vermindert um eine kalkulierte Sicherheitsrate, ist der Hauptansatzpunkt jedes Kostenmanagements."
(f&w, 3/96, S. 200-206)

Dr. Günther Jonitz, Nov. 2008

Die negativen Auswirkungen auf die Qualität der Patientenversorgung sind unschwer vorstellbar. Der Personalmangel betrifft inzwischen nicht nur den ärztlichen, sondern auch den pflegerischen Dienst.

Die Tatsache, dass der „Umbruch" im Gesundheitswesen vor allem durch den enormen medizinischen Fortschritt auf der einen Seite und eine demografische Entwicklung hin zu älteren, multimorbiden und anspruchsvolleren Patienten auf der anderen Seite voran getrieben wird, ruft die Frage nach angemessenen politischen Strategien für die Bewältigung der Veränderungen hervor. Es wäre meines Erachtens elementar gewesen, die Zeichen der Zeit rechtzeitig zu erkennen und die Prinzipien der Organisation und Führung vorausschauend zu justieren. Da dies nicht im notwendigen Maße erfolgt ist, war die Finanzkrise verbunden mit einer Glaubwürdigkeits- und Identitätskrise sowie einem zunehmenden Politikversagen unausweichlich.

Jedes System neigt zunächst zur Leistungsausweitung, dann zur Optimierung

Diese allgemeine Erkenntnis trifft auch auf das Gesundheitswesen zu. Dort stellt sich die Frage, was Optimierung bedeutet, ganz grundsätzlich. Hat Optimierung den Profit oder die Rendite der unterschiedlichen Beteiligten im Blick oder zielt sie auf die medizinische Behandlungsqualität? Die Beantwortung dieser Frage sollte sich eigentlich erübrigen. Im Gesundheitswesen darf es aus ethischen Gründen nur darum gehen, eine möglichst hochwertige Behandlung und eine möglichst humane Betreuung kranker Menschen zu gewährleisten. In angelsächsischen Ländern wird diese Diskussion auch unter dem Stichwort „value-based health care"[3] geführt.

Gute Ökonomen wissen dabei, dass ein Zusammenhang besteht zwischen Kosten und Qualität: „Wer nur auf die Kosten schaut, senkt die Qualität, aber wer auf die Qualität achtet, spart auch bei den Kosten".[4]

Was also ist „gute Medizin"? Die Beantwortung dieser Frage ist immer auch eine Frage des Standpunktes. So können etwa Epidemiologen, Ärzte und Patienten bei völlig gleichen Fragestellungen ganz unterschiedliche Schlussfolgerungen ziehen bzw. unterschiedliche Präferenzen haben:

---

[3] Porter ME./ Teisberg EO. How Physicians Can Change the Future of Health Care. JAMA 2007; 297 (10): 1103-1111
[4] Vgl. BÄK/ KBV/ AWMF (2007): Curriculum Ärztliches Qualitätsmanagement. 4. Auflage

„Epidemiologists love hard data. They want to know, wether people are dead or alive. They can count that with confidence.

Doctors are less demanding, but still like to see evidence of objective improvement in their patients:
Indeed, they may be happy when a hypertensive patient's blood pressure is coming down even if he or she is feeling worse.

Patients, on the other hand, are much concerned with such things as how they feel, how well the doctor communicates, and wether they have confidence in their doctors – things that are annoyingly hard to measure.

Epidemiologists, doctors, and patients may thus all reach different conclusions about wether a medical activity is worth while.
BMJ Vol 312, 2 March 1996, Editor's choice

Dr. Günther Jonitz, Nov. 2008

Aus der Sicht des Arztes ist die Frage, was gute Medizin ist, relativ einfach zu beantworten: Gute Medizin ist die, die mein Patient braucht, die, die ich als Arzt beherrsche und die, die ich eigentlich wissen und können sollte.

Was ist „gute Medizin"?

Die, die mein Patient braucht,

die, die der Arzt beherrscht

und die, die er wissen und können sollte.

(= Evidenzbasierte Medizin n. David Sackett)

Dr. Günther Jonitz, Nov. 2008

Diese Dreieckspunkte verbunden mit der Präferenz des Patienten, entsprechen im Wesentlichen der Definition der evidenzbasierten Medizin nach David Sackett.

Wie wird gute Medizin durch Ärzte gewährleistet? Normalerweise wird persönliche Verantwortung von den Angehörigen der zuständigen Berufsgruppen, in unserem Fall also der Ärzteschaft, übernommen. Eine solche vor allem an Personen ausgerichtete Autorität ist in der Gegenwart allerdings nicht mehr ausreichend. Der Arzt wird neben seinen medizinisch-ärztlichen Aufgaben mit einer zusätzlichen Flut an administrativen, ökonomischen und juristischen Anforderungen zunehmend überlastet. Er sieht sich mehr und mehr in die Rolle des Letztverantwortlichen gedrängt und mit Problemen konfrontiert, die an ganz anderer Stelle ausgelöst werden. Ein solches „Schwarzer-Peter-Prinzip" verschärft die ohnehin bereits vorliegenden Probleme der täglichen Patientenversorgung.

Der Gesundheitsökonom der Harvard University in Boston, USA, M. Roberts, bereichert die gesundheitspolitische Diskussion mit den Zielvorgaben der „Systematisierung" und „Optimierung". Als „alter Europäer" erlaube ich mir das Ziel der „Humanisierung" hinzuzufügen.

ÄRZTEKAMMER
BERLIN

Systematisieren
Optimieren
M. Roberts, Harvard University

Humanisieren
G. Jonitz, Ärztekammer Berlin

Dr. Günther Jonitz, Nov. 2008

„Systematisieren" heißt hier beispielsweise sich mit der Frage auseinanderzusetzen, wer sich um Patientengruppen mit besonderen Risiken wie etwa Diabetes Mellitus oder sturzgefährdete ältere Patienten kümmert. Die „Optimierung" stellt die Frage, welche medizinischen Ziele tatsächlich im Vordergrund stehen sollten. Die evidenzbasierte Medizin bietet dabei die beste Methode, nützliche und sinnvolle Diagnose- und Therapieverfahren von solchen zu unterscheiden, die vorwiegend Surrogatparameter im Blick haben („Laborkosmetik") und deren

Nutzen kritisch hinterfragt werden muss. Wir finden diese Diskussion im Bereich der Qualitätsindikatoren und der Qualitätsberichterstattung wieder. In beiden Bereichen – Systematisieren und Optimieren – gibt es umfangreiche wissenschaftliche und politische Literatur. Das Ziel der „Humanisierung" ist jedoch noch ein weitgehend unbestelltes Feld. Zwar wird „Humanisierung" im Hinblick auf die zentrale Rolle der Patientenperspektive im Behandlungsprozess bereits diskutiert.[5] Allerdings wird die Perspektive derjenigen, die behandeln, der Professionellen also, bislang kaum beleuchtet. Dabei ist es gerade ein konstituierendes Element des Gesundheitssystems, dass sich hier Menschen (Ärzte, Pflegekräfte u. a.) um leidende Menschen (Patienten) kümmern. Beim „Gut Gesundheit" hat das gelungene Zusammenwirken von Menschen eine ausschlaggebende Wirkung. Hierbei sind auch Bedürfnisse – nicht nur auf Patientenseite – ein wichtiges Moment. Denn die Interaktion zwischen Arzt und Patient, aber auch zwischen den Beteiligten der Berufsgruppen, ist nicht nur durch rationales Handeln geprägt, vielmehr spielen auch Vertrauen, Empathie und Wertschätzung eine ganz zentrale Rolle.

ÄRZTEKAMMER
BERLIN

Humanisieren

Es sind Menschen im „System Gesundheitswesen", mit Gefühlen und Bedürfnissen.

Menschen sind emotionale Lebewesen.

Ihr Verhalten ist „nicht immer" rational.

„A G'sunder hat viele Wünsch'. A Kranker bloß oin"
Schwäbisches Sprichwort

„Psychologie des Gesundheitswesens".
Prof. Gerd Gigerenzer, Max-Planck-Institut für Bildungsforschung

Dr. Günther Jonitz, Nov. 2008

So viel zu den grundlegenden kritischen Überlegungen zur Qualitätsentwicklung im Gesundheitswesen.

---

[5] Vgl. Harztband, P./ Groopman, J. Keeping the Patient in the Equation – Humanism and Health Care Reform. NEJM 2009; 361(6): 554-555.

Beschäftigt man sich nunmehr mit der Frage, wie machen wir es konkret, so empfiehlt sich ein Blick in den Bereich der Gesellschaft, der sich schon seit Jahrzehnten explizit mit der Entwicklung von Qualitätskonzepten befasst und diese erfolgreich umgesetzt hat. Die deutsche Industrie und Wirtschaft begann spätestens in den 50er Jahren damit, sich systematisch mit einer Verbesserung der Qualität ihrer Dienstleistungen und Produkte zu beschäftigen und entwickelte über einen Zeitraum von knapp 30 Jahren das dreistufige Modell von der Qualitätskontrolle über das Qualitätsmanagement hin zu einem umfassenden Qualitätsmanagement (TQM = Total Quality Management).

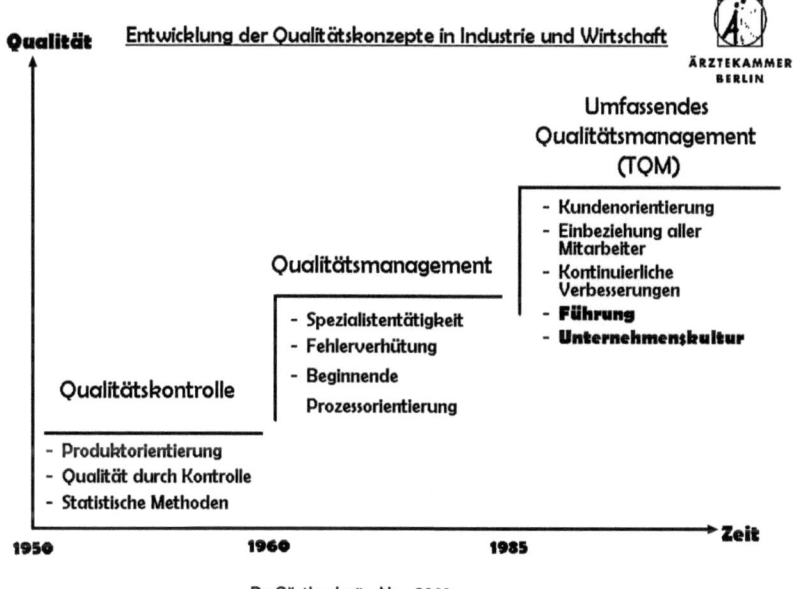

In der Quintessenz bleibt die aus der Unternehmenskulturforschung stammende Erkenntnis, dass sogenannte „weiche" Faktoren „harte", also messbare Qualität bestimmen.[6] Es handelt sich dabei vor allem um die Dimensionen der „Führung" und der „Organisationskultur". Der Stil, in dem geführt wird, stellt einen zentralen Aspekt der Organisationskultur dar. Die „Kultur" in einer Organisation wiederum lässt sich beschreiben als das Klima, in dem gearbeitet wird, also die Art und Weise wie miteinander auf den unterschiedlichen Arbeits- und Hierarchieebenen umgegangen wird, wie Aufgaben erteilt und ausgeführt werden etc. Die Qualität der Unternehmenskultur bestimmt in ganz entscheidendem

---

[6] Peters T./ Waterman, R. (2006): Auf der Suche nach Spitzenleistungen. Was man von den bestgeführten Unternehmen lernen kann. mi-Fachverlag

Maße die Qualität der erstellten Produkte bzw. der erbrachten Dienstleistungen. Eine solche Erkenntnis gilt für den Bereich des Gesundheitswesens, also dort, wo sich die Qualität vor allem über die Interaktion von Menschen herstellt, in besonderem Maße. Es dürfte sich lohnen, dieses Thema, das hier nur angerissen werden kann, an anderer Stelle näher zu beleuchten.

Neben der Organisationskultur stellt die Forderung nach Transparenz ein zentrales Element für die Qualitätsentwicklung dar. Transparenz gilt inzwischen als eines der Zauberworte im Gesundheitswesen und findet sich an zahlreichen Stellen wieder. Ob es nun die Qualitätsberichte der Krankenhäuser, Zertifizierungsverfahren wie beispielsweise das der Kooperation für Transparenz und Qualität (KTQ)[7] oder eine Flut von Krankenhaus- und Gesundheitsführern bis hin zu unterschiedlichen Bewertungsportalen im Internet sind, zunächst einmal ist es wichtig festzuhalten, dass das Thema Transparenz ganz zu Recht eine so wichtige Bedeutung erlangt hat. So hat etwa Reinhard Mohn, Bertelsmann-AG, prägnant festgestellt: „Mache die Ergebnisse transparent und du erhältst einen Wettlauf der Systeme". Ungeachtet der Tatsache aber, dass es unabdingbar ist, dass über die medizinische Versorgungsqualität Rechenschaft abgelegt und offengelegt wird, wie gut oder schlecht die Patientenversorgung ist, ist die Frage, wie Transparenz tatsächlich entsteht, keine, die einfach zu beantworten wäre. Zu klären gilt

- wer
- für wen
- über was
- mit welchem Ziel und
- anhand welcher Instrumente und Methoden

Transparenz herstellen soll. Die bloße Forderung nach Transparenz mag opportun sein, eine Problemlösung ist damit aber noch nicht gefunden.

Aktivitäten der Ärzteschaft

Die Sicherung der Qualität ärztlichen Handelns ist ein konstitutives Element des ärztlichen Selbstverständnisses. Aus den umfassenden Aktivitäten der Ärzteschaft seien im Nachfolgenden exemplarisch einzelne Projekte herausgegriffen.

Die Einführung der Qualitätssicherung im Zusammenhang mit der Perineonatologie in den 60er Jahren und die annähernd zeitgleiche Etablierung von Gutachterkommissionen und Schlichtungsstellen waren und sind gleichermaßen beispielhaft wie erfolgreich. Neben der Institutionalisierung des Themas

---

[7] http://www.ktq.de/

Qualität durch die Einrichtung des „Ärztlichen Zentrums für Qualität" (ÄZQ)[8] sei im Bereich der ärztlichen Fortbildung auf ein Quartett von Curricula hingewiesen, die auf eine Behandlungsführung und Systemsteuerung hinwirken, die sich am konkreten Nutzen für den Patienten orientiert. Die Curricula „Ärztliches Qualitätsmanagement", „Evidenzbasierte Medizin", „Patientensicherheit" und „Ärztliche Führung" liefern die inhaltlichen Grundlagen für eine ärztliche Praxis in diesem Sinne.

Die Zertifizierung medizinischer Einrichtungen insbesondere im stationären Bereich durch KTQ ist im europäischen Raum einzigartig. Über ein Drittel aller deutschen Krankenhäuser haben sich freiwillig nach diesem, von den Beteiligten im Gesundheitswesen in konsentierter Form getragenen Verfahren bereits zertifizieren lassen.

Politisch stellte der Deutsche Ärztetag im Jahr 2000 erste Forderungen nach einer qualitätsorientierten Wettbewerbsordnung auf, um einer von ökonomischen Aspekten dominierten Entwicklung im Gesundheitswesen Einhalt zu gebieten. Der Deutsche Ärztetag 2005 fasste einen ebenfalls beispiellosen, einstimmigen Beschluss, sich mit dem Thema Patientensicherheit sachlich und konstruktiv über die Etablierung einer Netzwerkorganisation zu befassen.

Die Qualitätssicherung aus ärztlicher Sicht wird bei all diesen Aktivitäten nicht als etwas grundsätzlich Neues verstanden, sondern stellt vielmehr die Wiederentdeckung primärer ärztlicher Tugenden auf systematischer Basis dar. Genauso wie die Medizin über Jahrzehnte aus anderen naturwissenschaftlichen Fächern gelernt und ihr eigenes Tun bereichert hat, lernen wir jetzt aus den Bereichen der Arbeits- und Organisationswissenschaften im gleichen Sinne.

Nach dem Deutschen Ärztetag im Jahr 2000, der die qualitätsorientierte Wettbewerbsordnung gefordert hat, fanden sich zahlreiche Verbündete. Auch die Gesundheitsministerkonferenz forderte im Jahr 2002 einen qualitätsorientierten Wettbewerb, die DKG votierte für das Motto „Qualität führt" im Jahr 2003. Selbst im Bundestagswahlkampf 2002 fand die Forderung nach qualitätsorientiertem Wettbewerb Eingang in eine parteipolitische Grundsatzerklärung.

---

[8] http://www.aezq.de/

✓ „**Qualitätsorientierte Wettbewerbsordnung**"
DÄT 2000

✓ „**Qualitätsorientierter Wettbewerb**" GMK 2002

✓ „**Qualität führt**"   Robbers, HGf DKG 2003

✓ „**Qualitätsorientierter Wettbewerb**"

   FDP BT-Wahlkampf 2002

Dr. Günther Jonitz, Nov. 2008

Die Bundesärztekammer sieht insbesondere den Nutzen für die Patienten als prioritäres Grundprinzip für Qualitätswettbewerb an. Dieser Nutzen ist differenziert nach Patientengruppen, d.h. nach alters-, geschlechts- und kulturspezifischen als auch nach sozial- und statusbezogenen Aspekten zu betrachten. Als wichtige Momente für eine qualitätsorientierte Entwicklung im Gesundheitswesen sind weitere Faktoren hervorzuheben:

- Essentiell ist die Kooperation der Beteiligten. Das Prinzip der gemeinsamen Verantwortung – des common senses – hilft, Qualität für den Patienten tatsächlich zu ermöglichen. Eine Top-Down-Steuerung mit ultimativen Vorgaben führt nur zu Abwehrmechanismen und zu überbordender Bürokratie.
- Bestehende und bewährte Verfahren müssen weiterentwickelt und an bereits geleistete Arbeit angeknüpft werden. Ansonsten besteht die Gefahr, dass mit der Implementierung immer neuer Ansätze und Institutionen die Motivation der Beteiligten schwindet.
- Das Prinzip der Freiwilligkeit stärkt die intrinsische Motivation und verhindert Qualitätskontrollen, die Kosten verursachen ohne im Ergebnis Qualität zu fördern.
- Gegenseitiges Vertrauen, eine unverzichtbare Voraussetzung für das Miteinander in der Patientenversorgung, entsteht durch Verbindlichkeit und offene Kommunikation.

- Valide, anwendbare Verfahren der Qualitätssicherung sind von zentraler Bedeutung. Dazu gehören beispielsweise die Erhebung, Auswertung und Rückmeldung von Qualitätsindikatoren, wie sie im Verfahren der bislang praktizierten extern vergleichenden Qualitätssicherung im stationären Bereich („BQS-Verfahren"[9]) durchgeführt werden. Unabdingbar für den Erfolg solcher Verfahren ist die Akzeptanz und damit die konkrete Umsetzung in der Praxis. Ohne einen tatsächlich auf das Wohl des Patienten ausgerichteten Konsens aller Beteiligten werden selbst beste Qualitätssicherungsverfahren konterkariert oder missbraucht. Das „Stradivari-Phänomen" gilt auch in der Medizin. Sie können mit einer Stradivari in 10 Minuten die Philharmonie mit Menschen füllen oder sie leer machen, je nachdem was und wie Sie darauf spielen.

ÄRZTEKAMMER
BERLIN

Das „Stradivari-Phänomen"

Sie können mit einer Stradivari in 10 Minuten die Philharmonie mit Menschen füllen.
Oder sie leer machen. Je nachdem, was und wie sie darauf spielen.

Dr. Günther Jonitz, Nov. 2008

Derzeit existiert ein solcher Konsens leider nicht. Die Anwendung vieler Verfahren scheitert in der Regel daran, dass Politik, Krankenkassen, Krankenhausträger oder Ärzteschaft unterschiedliche Vorstellungen damit verbinden. Momentan erlebt die Ärzteschaft eine Kultur des Misstrauens mit dem Ziel der Dezimierung. Weniger Ärzte, weniger Krankenhäuser, weniger Krankenkassen scheint erklärtes Ziel der Politik zu sein. Gegenwehr ist selbstverständlich. In einem solchen disharmonischen Umfeld ist die erfolgreiche Anwendung von Qualitätssicherungsverfahren schwer.

---

[9] http://www.bqs-online.com/

Veränderung gestalten

In der üblichen Diskussion der Gesundheitspolitik werden in der Regel drei unterschiedliche Ordnungsprinzipien gegeneinander in Stellung gebracht. Am weitesten voneinander entfernt sind dabei das Ordnungsprinzip des „Marktes" und das des „Staates". Dazwischen befindet sich in defensiver Position gegenüber beiden Extremen das Ordnungsprinzip der Selbstverwaltung. Dieser Diskussion entgegensetzen möchte ich Erkenntnisse aus der Unternehmensführung:

Veränderung gestalten
Aus unternehmerischer Sicht:

„Die grundlegenden **Führungsprinzipien** haben aber an Relevanz nicht verloren. Sie basieren auf einer Organisation mit **dezentralen Strukturen** und einer möglichst weitgehenden **Delegation von Verantwortung**; sie lassen so auch in großen Organisationen **Freiraum für Kreativität**, die beziehen die Mitarbeiter **aktiv** ein und **beteiligen sie am Erfolg**, sie respektieren die **Menschen** mit ihren unterschiedlichen Kulturen.
Voraussetzung für den gemeinsamen Erfolg bleibt ein **gemeinsames Zielverständnis**".

Reinhard Mohn, Erfolgsfaktor Unternehmenskultur, September 2004

Dr. Günther Jonitz, Nov. 2008

ÄRZTEKAMMER
BERLIN

Veränderung gestalten

„…dabei sind die Motivation, die Identifikation und die Verantwortlichkeit der Mitarbeiter als wohl wichtigste Ressource anzusehen."

„… Die Bereitschaft von Führungskräften … Ziele zu diskutieren, unterschiedliche Interessen zu erkennen und zu akzeptieren, Probleme zu benennen und Konflikte zu lösen."

„…transparente und beteiligungsorientierte Verfahren der Entscheidungsfindung."

Dr. Günther Jonitz, Nov. 2008

Wie wichtig wechselseitiges Vertrauen sowohl in die Handlung wie auch in die Absichten des Gegenübers ist, wurde ebenfalls frühzeitig erkannt:

ÄRZTEKAMMER
BERLIN

Veränderung gestalten

„… Bei wechselseitigem **Vertrauen** in die Handlungen und Absichten des gegenüber sind Anordnungen und Kontrollen oftmals entbehrlich. Vertrauen senkt also Kosten".

„… **Vertrauen braucht Verbindlichkeit.**"

„… Die ausgesprochenen Empfehlungen sind vielfach umgesetzt und erprobt. Mut zu neuem Handeln sollten aber gerade auch diejenigen Unternehmen haben, die heute noch am Beginn der Gestaltung einer zukunftsorientierten Unternehmenskultur stehen".

„Vorteil Unternehmenskultur", Bertelsmann und Hans-Böckler Stiftung 1997

Dr. Günther Jonitz, Nov. 2008

Vertrauen kann Kosten senken! Die Prinzipien Anordnung und Kontrolle sind oftmals nicht zielführend. Dies gilt nicht nur im Hinblick auf die Führung von Weltkonzernen, sondern dürfte auch im Gesundheitswesen vielversprechende Wirkung haben.

Unser Gesundheitswesen befindet sich auf dem Scheideweg. Die bestehenden Zielkonflikte der Beteiligten werden weder ausreichend benannt noch abgewogen. Die Potenziale der Erfahrungen und Erkenntnisse vor allem aus der Unternehmenskulturforschung und -entwicklung wurden von der deutschen Gesundheitspolitik noch nicht erkannt. So erklärt sich wohl auch der betriebene Systemwechsel hin zu einem Primärarztsystem mit staatlichen Steuerungselementen (Pflichtzertifizierung, Kontrolle und Berichtswesen, Zentralinstitute...). Eine konsensorientierte Zukunftsgestaltung ist damit in Frage gestellt.

Die Chance für die Ärztekammer, gestaltend Einfluss zu nehmen, besteht in ihrer Fachkunde und in ihrer Unabhängigkeit. Ärzte sind sowohl dem einzelnen Patienten als auch dem Gemeinwohl verpflichtet. Die Ärztekammern, die sich aus den Beiträgen ihrer Pflichtmitglieder finanzieren, konzentrieren sich mit ihrer Aufsicht auf genau diese ärztliche Verpflichtung. Die Kammern sind aufgrund der ganz spezifischen Verantwortung von Ärzten theoretisch und praktisch anderen Einrichtungen im Thema „Qualität" weit voraus und demonstrieren diese Vorreiterrolle u. a. durch wegweisende Initiativen (s. o.), die sie bewusst nicht im Alleingang, sondern in Kooperation mit anderen Partnern im Gesundheitswesen auf den Weg bringen. Die Kammern sind strategisch auf nationaler und internationaler Ebene gut positioniert und erreichen aufgrund ihres Auftrages und ihrer Glaubwürdigkeit ihre Berufsgruppe unmittelbar.

Die Rolle der Ärztekammern

- einzige unabhängige und sachkundige Institution im Gesundheitswesen
- Vertretung unmittelbarer Interessen der Patientenversorgung
- theoretisch wie praktisch im Q-Thema voraus (BQS, KTQ, Curriculum QM)
- strategisch gut positioniert (ÄZQ, AWMF, APS),
- national wie international (ÄZQ/G.I.N/PatSafety)

Durchdringungstiefe? Nachhaltigkeit!? Marketing???

Dr. Günther Jonitz, Nov. 2008

Das Fernziel vom autoritär gesteuerten hin zum lernenden System, das sich kontinuierlich am Nutzen für den Patienten orientiert, ist trotz zahlreicher vorhandener elementarer Bausteine in weiter Ferne.

Die für eine qualitätsorientierte Führung notwendigen Verfahren der Systematisierung, Optimierung und Humanisierung verbunden mit dem Prinzip der gemeinsamen Verantwortung und Steuerung via Qualitätsindikatoren bleibt derzeit Zukunftsmusik.

Fernziel

„Vom autoritär gesteuerten hin zum lernenden System, das sich kontinuierlich am Nutzen für den Patienten orientiert."

Systematisieren, Optimieren, Humanisieren

„Prinzip der gemeinsamen Verantwortung"

Steuerung via Qualitätsindikatoren

Dr. Günther Jonitz, Nov. 2008

Stillstand jedoch wird es nicht geben. Beinahe beruhigend mag die Tatsache sein, dass sich die Qualität der Patientenversorgung in Deutschland – im internationalen Vergleich betrachtet – immer noch auf einem hohen Niveau befindet. Die Medizin hat sich seit mehreren tausend Jahren ihre Fähigkeit zur Weiterentwicklung, ihre Lernfähigkeit bewahrt. Ein Gesundheitssystem, das sich als ein von uns allen gemeinsam zu gestaltendes und kontinuierlich lernendes System versteht, das den Patientennutzen im Zentrum hat, sollte unser aller Ziel sein.

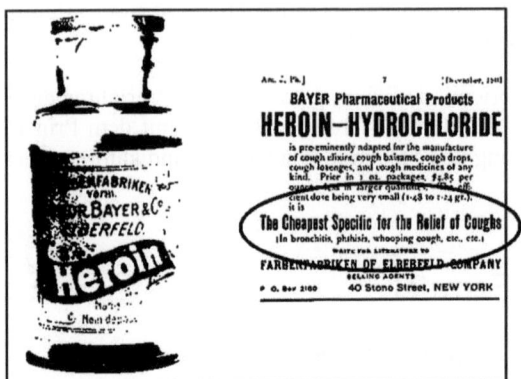

Lernfähigkeit bewahren!.....

g.jonitz@aekb.de

Prävention als Qualitätssicherung in der Zahn-, Mund- und Kieferheilkunde
Jürgen Weitkamp

1. Ziele präventiver Qualitätssicherung in der Zahn-, Mund- und Kieferheilkunde

Kontinuierliche Qualitätsförderung durch Qualitätsverbesserung und -sicherung in der Zahn-, Mund- und Kieferheilkunde hat das Ziel, die Mundgesundheit der Bevölkerung durch wirksame präventive und therapeutische Maßnahmen zu verbessern sowie bezogen auf den einzelnen Patienten die oralen Strukturen zu erhalten und die mundgesundheitsbezogene Lebensqualität zu verbessern und zwar durch:

- eine präventionsorientierte Zahnheilkunde, d.h. die Verknüpfung von Primär-, Sekundär- und Tertiärprävention, wobei auch therapeutische Maßnahmen systematisch präventiv ausgerichtet sind und
- die Mitarbeit des aufgeklärten mündigen Patienten (Patientenzentrierung).

Prozess- und Strukturoptimierung sollen im Ergebnis (Ergebnisqualität) ein möglichst hohes Qualitätsniveau der angestrebten Ziele gewährleisten. Diese Ziele sollen möglichst dauerhaft und reproduzierbar sein. Daher sind Maßnahmen, die der Qualitätsverbesserung dienen von Maßnahmen, die eine dauerhafte Sicherung und Kontrolle des optimierten Qualitätsniveaus als Qualitätssicherung zum Ziel haben, zu unterscheiden. Konsequenterweise wird daher in der gemeinsamen Stellungnahme von Bundeszahnärztekammer (BZÄK) und Kassenzahnärztlicher Bundesvereinigung (KZBV) aus dem Jahr 2004 von der „Agenda Qualitätsförderung" gesprochen.

Das in der Bevölkerung positiv besetzte Thema der Qualitätssicherung wurde in der Medizin wie auch in der Zahnmedizin insbesondere durch Forderungen in den verschiedenen Gutachten des Sachverständigenrates zur Begutachtung der Entwicklung im Gesundheitswesen (SVR) und neben den politischen Vorgaben in Teilbereichen insbesondere durch die gesetzlichen Verankerungen in allen Novellierungen des SGB V seit 1989 vorangetrieben. Diese Vorgaben wurden in den Qualitätsvorschriften des gemeinsamen Bundesausschuss (gBA) für die Medizin (2005) und für die Zahnmedizin (2006) umgesetzt.

Unabhängig von diesen eher politischen Vorgaben bestanden im zahnärztlichen Berufsstand schon lange vorher Aktivitäten zur Qualitätssicherung, die u.a. in Qualitätszirkeln aber auch in den etablierten Ausschüssen zur Qualitätsverbesserung in den einzelnen Landeszahnärztekammern und im Ausschuss Qualitätssicherung der BZÄK gemeinsam mit der Deutschen Gesellschaft für Zahn-, Mund- und Kieferheilkunde (DGZMK) und KZBV sichtbaren Ausdruck fand und findet.

Ausgewählte Maßnahmen der Qualitätssicherung in der Zahnmedizin:

- Errichtung regionaler Qualitätszirkel
- Agenda Qualitätsförderung von BZÄK und KZBV
- Errichtung der Zahnärztlichen Zentralstelle Qualitätssicherung (zzq)
- Etablierung von QM-Systemen in den Praxen, z.B. Z-PMS
- Entwicklung von Pilotleitlinien
- Entwicklung von Qualitätsindikatoren (Lebensqualität: Kauen, Sprechen, Aussehen)

BZÄK und KZBV haben gemeinsam eine zusammenfassende Stellungnahme zur Qualitätssicherung in der „Agenda Qualitätsförderung" in der Zahn-, Mund- und Kieferheilkunde im Jahr 2004 vorgelegt, die alle wesentlichen Aspekte zusammenfasst. Richtungweisend als Besonderheit in der Zahn-, Mund- und Kieferheilkunde wird in diesem Konzeptpapier dabei das Prinzip der Patientenbeteiligung bei der Qualitätsförderung als eine gleichwertige Partnerschaft herausgestellt. Insbesondere in der Zahnmedizin ist der Patient mit seiner Compliance in die Behandlungsabläufe und therapeutischen Maßnahmen selbst integriert. Der Patient bestimmt auch durch eine oft nicht unerhebliche ökonomische Mitbeteiligung die Zielsetzung des Leistungsumfanges wesentlich selbst. Durch die sozioökonomischen Randbedingungen und eine erforderliche kontinuierliche Mitarbeit insbesondere im Bereich der Mundhygiene sind die Patienten in die Erreichbarkeit des Niveaus der langfristigen Ergebnisqualität mitverantwortlich einbezogen. Daher ist der Begriff der voraussetzungsorientierten Qualitätssicherung in der zahnmedizinischen Besonderheit nachvollziehbar. In diesem Sinne wird Qualitätssicherung zu einer Form des Patientenschutzes und ein mehr als verständliches Anliegen der Politik, das auch vom Berufsstand mitgetragen wird.

2. Ebenen der Qualitätssicherung in der präventionsorientierten Zahnmedizin

Zahnmedizinische Prävention ...

- ... muss demographische Entwicklung und zahnmedizinische Herausforderungen berücksichtigen,
- ... kann orale und allgemeine Gesundheit ein Leben lang positiv beeinflussen,
- ... fördert die Lebensqualität,

- ... bindet den Patienten als Co-Produzenten seiner Gesundheit aktiv ein,
- ... erfordert eine kontinuierliche zahnärztliche Betreuung,
- ... ist im Verbund mit weiteren Partnern / anderen präventiven Botschaften / im Lebensalltagsbezug (Setting) erfolgreich.

Die Qualitätssicherung in der Zahn-, Mund- und Kieferheilkunde kann wie in allen anderen Bereichen der Qualitätssicherung nach den Vorgaben von Donabedian in die klassischen drei Teilbereiche *Strukturqualität, Prozessqualität, Ergebnisqualität* untergliedert werden.

2.1 Strukturqualität und Präventionsorientierung

Für eine möglichst optimale Strukturqualität sind die wesentlichen Grundvoraussetzungen die die Praxisausstattung als auch die Ausbildung des zahnärztlichen Teams.

Aus-, Fort- und Weiterbildung als Qualitätssicherung

Die wichtigsten Ansätze und auch Vorgaben zur Qualitätssicherung im Bereich der Strukturqualität stellen die Aus-, Fort- und Weiterbildung der Zahnärzte aber auch der Assistenzberufe dar, die kontinuierlich weiterentwickelt und den veränderten Rahmenbedingungen der Berufsausübung angepasst werden müssen. Neue Techniken und ein sich ständig wandelndes bzw. zunehmendes Wissen erfordern eine regelmäßige Anpassung des einmal erworbenen Wissens und der Fertigkeiten.

Die zahnmedizinische Ausbildung wird durch ein universitäres Studium mit den Mindestvorgaben der Approbationsordnung geregelt, die entsprechend den fachlichen Entwicklungen angepasst werden muss. Nicht zuletzt wegen der raschen Entwicklung im Bereich der Prävention muss diese Basisausbildung notwendigerweise durch Fortbildung ergänzt werden. Dieser eigentlich im freiwilligen Engagement gut funktionierende Teilbereich der Qualitätsverbesserung wurde inzwischen auch mit Mindestvorgaben und Sanktionen reguliert, statt auf die viel wirksameren Effekte eines positiven Anreizmodells zu vertrauen. Denn in diesem Bereich haben die Kammern gemeinsam mit den wissenschaftlichen Fachgesellschaften innerhalb der DGZMK Strukturvorgaben und Qualitätsanforderungen erarbeitet, die im gemeinsamen Beirat Fortbildung im Sinne einer kontinuierlichen Qualitätsarbeit fortentwickelt werden.

Ausbildung der Zahnmedizinischen Fachangestellten

Eine moderne präventionsorientierte Therapie ist in der Zahnmedizin ohne ausgebildete Zahnmedizinische Fachangestellte (ZFA) nicht mehr denkbar. Daher ist die Strukturierung der Ausbildung dieses Assistenzberufs und eine entsprechende Definition der Aufgabengebiete sowie die gesamtverantwortliche Fachaufsicht ein wesentliches Instrument der Qualitätssicherung. Als ein gutes Beispiel erscheinen dabei die Aufstiegsfortbildungen zur Zahnmedizinischen Prophylaxeassistentinnen (ZMP) bis hin zur Dental Hygienikerin (DH) im Bereich der parodontologischen Prävention und Nachsorge, ohne die eine moderne, umfassende Betreuung kaum noch denkbar ist.

Wissenschaftliche Begleitforschung als Qualitätssicherung

Alle Neuerungen oder Innovationen bedürfen einer begleitenden Forschung, die den Vorteil einer neuen Therapie gegenüber der bestehenden Therapie herausarbeitet, wobei heute zunehmend auch der Aspekt des Aufwandes, der damit verbunden ist, berücksichtigt werden muss.

Besonders wichtig erscheint dabei eine begleitende Versorgungsforschung, um die langfristigen Verbesserungen durch die Integration neuer Methoden oder positive sowie negative Auswirkungen politischer Entscheidungen rechtzeitig zu erkennen. Der zahnärztliche Berufsstand hat mit dem Institut der Zahnärzte (IDZ) ein solches Instrument geschaffen, während die Politik mit dem IQWIG (Institut für Qualität und Wirtschaftlichkeit im Gesundheitswesen) ein steuerfinanziertes Institut geschaffen hat, das sich lediglich auf die Analyse der vorhandenen nur literaturgestützten Evidenzbasierung stützt. Hier wäre die Förderung der Versorgungsforschung und Analyse der Auswirkungen unterschiedlicher Therapieformen und Vorgaben ein wichtiger Beitrag zur Qualitätssicherung.

2.2 Prozessqualität und Präventionsorientierung

Die Verbesserung der Prozessqualität liegt im Interesse aller vom jeweiligen Prozess aktiv oder passiv Betroffenen, da im allgemeinen hierdurch der Prozessablauf selbst optimiert und das Ergebnis indirekt verbessert wird.

Die wesentlichen Reserven zur Verbesserung der Prozessqualität liegen allerdings in der Systematisierung der Abläufe und Koordinierung der Abläufe im Praxisteam, was eine erhebliche zeitliche Aufbauarbeit und auch finanzielle Investition in die Ausbildung erfordert.

Diagnostik und Planung

Wesentliche Voraussetzung für eine befundadäquate, präventionsorientierte Versorgung ist die systematische Erfassung des Befundes und deren Umsetzung in eine möglichst an präventionsorientierten, langfristigen Behandlungszielen ausgerichteten Planung. Dazu ist eine abgestufte Diagnostik im Sinne einer umfassenden Basisdiagnostik und einer befundorientierten erweiterten Diagnostik, wie es in der „Neubeschreibung einer präventionsorientierten Zahn-, Mund- und

Kieferheilkunde" konzipiert wurde, sinnvoll. Befund- und risikoadaptierte Betreuungskonzepte sowohl in Prävention, Diagnostik und Therapie sowie in der Nachsorge sind ein wichtiger moderner Ansatz gezielter Betreuung, die durch Konzentration des Aufwandes ein höheres Qualitätsniveau in der Betreuung erwarten lässt.

Therapie

Ein wichtiges Element der Qualität ist natürlich die präventionsorientierte Leistung selbst. Neben einer Orientierung an den wissenschaftlich fundierten Leitlinien und Empfehlungen der Fachgesellschaften ist eine möglichst hohe Systematisierung der Abläufe eine wertvolle Hilfe bei der Qualitätssicherung, die im Ergebnis optimal dokumentiert werden muss. Nur wenn dann eine Kultur der kritischen Ergebnisanalyse und insbesondere des Fehlermanagements in der Verlaufsbetrachtung etabliert ist, wird in täglichen, kleinen Qualitätsoptimierungszyklen ein kontinuierlicher Prozess der Qualitätsförderung entstehen, wobei alle Mitarbeiter in diesen Prozess aktiv eingebunden werden müssen.

Präventive Verlaufskontrolle

Eine risikoadaptierte Nachsorge gehört zu einem präventionsorientierten Praxiskonzept und unterstützt den Patienten bei der Erhaltung der erreichten Behandlungs- und Rehabilitationsqualität. Damit bildet eine befund- oder risikoorientierte, präventive Langzeitbetreuung einen unmittelbaren Beitrag zur Qualitätssicherung. Außerdem gibt diese Nachsorge dem Behandler die Möglichkeit aus Befunden und Erfahrungen der Verlaufskontrolle, die bei wertender und vergleichender Analyse eine Reflexion und Anpassung der eigenen Betreuungsansätze erlaubt, erneut immer wieder Qualitätsoptimierungsschritte einzuleiten.

2.3 Ergebnisqualität und Präventionsorientierung

Das Ziel aller Qualitätsanstrengungen ist es, die Ergebnisqualität zu verbessern. Dabei können in der Gesamtbetrachtung der zahnmedizinischen Versorgung die Mundgesundheit der Bevölkerung oder die Verbesserung des Versorgungsniveaus durchaus angestrebt werden, die aber auf die Ebene der einzelnen Praxis herunter gebrochen werden müssen. Beides bedeutet allerdings auch, dass zur Evaluation des Gesamtprozesses eine Messung des Ergebnisses möglich sein muss.

Messgrößen der Qualität

Qualitätsindikatoren sind Messgrößen der Qualitätsdarstellung, -bewertung und -verbesserung. Insbesondere Relevanz, Wissenschaftlichkeit und Praktikabilität sind die wesentlichen Qualitätsparameter solcher Indikatoren, die auf der Basis vorhandener Evidenz entwickelt werden müssen.

In der Zahn-, Mund- und Kieferheilkunde kommt als wesentliche Erfolgsvoraussetzung auch die Mitarbeit des Patienten und die individuell unterschiedlichen Ausgangsbedingungen und die im Leistungsumfang extrem unterschiedlichen Therapiemöglichkeiten hinzu, was die Vergleichbarkeit der gemessenen Parameter einer Ergebnisqualität im Sinne eines Benchmarking erheblich einschränkt. Gerade bei Karies und Parodontitis, als die häufigsten und für ein Benchmarking wesentlichen Krankheitsbilder, handelt es sich um chronisch verlaufende Erkrankungen, deren Beeinflussung nur im Langzeitverlauf beurteilbar und damit bei öfter wechselnden Behandlern bzw. Behandlungsschritten einer akuten Qualitätsbeurteilung nur schwer zugänglich sind. Ein Beispiel für globale die einzelnen Einrichtungen bzw. Praxen übergreifende Qualitätsanalyse im Sinne einer längerfristigen Versorgungsforschung stellen die Deutschen Mundgesundheitsstudien (DMS I-IV) dar, welche vom Berufsstand schon lange als Begleitforschung erfolgreich etabliert wurden.

Es gab und gibt erhebliche Erfolge im Bereich der Ergebnisqualität nachzuweisen, die im Erfolg der Präventionsmaßnahmen gut zu erkennen sind. Im nationalen Vergleich werden regionale Erfolge verglichen und auch internationale Vergleichsdaten zur Bewertung herangezogen.

3. Leit- und Richtlinien

Gut entwickelte Leitlinien können als Handlungsempfehlungen für Zahnärzte und Patienten auf der Basis der bestverfügbaren Evidenz eine wichtige Hilfe zu einer optimierten Diagnose und Therapieauswahl sein und damit einen Beitrag zur Qualitätssicherung leisten. Hierbei dient das Aufzeigen der bestmöglichen Evidenz aber auch der klinischen Erfahrung einer Orientierung am z. Zt. bekannten Optimum, das bei entsprechenden Randbedingungen angestrebt aber von dem auch abgewichen werden kann und ggf. abgewichen werden muss. Dies unterscheidet sie von Richtlinien, die meist sanktionierte Mindestvorgaben definieren, von denen nicht abgewichen werden darf. Die Entwicklung von Leitlinien als Hilfe für die Entscheidungsfindung in der täglichen Arbeit stellt somit einen Beitrag zur Qualitätssicherung dar.

4. Perspektiven

Im Bereich der Qualitätssicherung ergeben sich vielfältige Ansätze zur Verbesserung der Qualität einer präventionsorientierten, zahnmedizinischen Versorgung. Zur Fortentwicklung der Qualitätssicherung in der präventionsorientierten Zahn-, Mund- und Kieferheilkunde werden folgende Aspekte zukünftig von Bedeutung sein:

- Freiwilliges Qualitätsmanagement in den Praxen weiter ausbauen,
- Klinische Leitlinien weiter entwickeln und fortschreiben,
- Therapiefreiheit bewahren, um die individuelle Auswahl der im jeweiligen Einzelfall angemessenen Therapie sicherzustellen,
- Partizipative Entscheidungsfindung in der Zahnarzt-Patient-Beziehung fördern (shared decision making),
- Geeignete klinische Indikatoren sind weiter zu entwickeln,
- Psychosoziale Indikatoren integrieren.

Qualitätsförderung in der Zahnheilkunde ...

- ... ist eine originäre innerprofessionelle Aufgabe,
- ... dient der Verbesserung der Patientenversorgung und ist kein Selbstzweck. Der Patient steht im Mittelpunkt und muss in die Lage versetzt werden, daran mitzuwirken.
- Maßnahmen zur Qualitätsförderung sind vom Berufsstand selbst zu entwickeln und zu implementieren, ohne Vorgaben und direkte Einflussnahme durch Gesetzgeber oder Kostenträger. Zwang und Kontrolle zur Qualitätsförderung sind nicht zielführend.
- ... bedarf angemessener personeller und organisatorischer Strukturen. Diese sind mit Kosten verbunden. Voraussetzungsorientierte Qualitätsförderung wird vom Berufsstand verwirklicht, wo immer sie für Zahnärzte und Patient von Nutzen ist.
- ... setzt eine angemessene Honorierung der zahnmedizinischen Dienstleistungen voraus.
- In Zukunft können mehr Menschen mehr eigene Zähne bis ins Alter behalten, was eine Steigerung der Lebensqualität bedeutet. Voraussetzung dafür ist die Umsetzung einer qualitätsgesicherten, präventionsorientierten Zahn-, Mund- und Kieferheilkunde.

Der zahnärztliche Berufsstand selbst hat die Aufgabe, die Strukturen der freiberuflichen Selbstverwaltung zu stärken und zu bewahren. In dieser Funktion ist die Selbstverwaltung keineswegs veraltet, sondern gelebte Deregulierung, Staatsentlastung und Subsidiarität. Dazu gehört die Notwendigkeit eines vernünftigen fachlichen und qualitätsorientierten Wettbewerbs, der dem Patienten zugutekommt. Weniger die regulative Berufsaufsicht wird Zukunftsaufgabe sein als die Absicherung normativer Mindeststandards für die postgraduale Qualifikation und die Qualitätsförderung. Es ist eine wichtige Aufgabe der Kammern, die postgraduale Qualifizierung und ein lebenslanges Lernen aktiv zu gestalten. Das gilt sowohl für die Fort- und Weiterbildung als auch in Zusammenarbeit mit der Hochschule für den postgradualen Master.

Qualität ist in erster Linie ein am Wohl des Patienten orientiertes Ziel aber gleichzeitig ein wichtiger Beitrag zur persönlichen, beruflichen Zufriedenheit. Qualitätsförderung als kontinuierlicher Prozess hat nur eine Chance, wenn sie von der Überzeugung des Einzelnen getragen wird, Qualität zu erbringen, zu messen, zu verbessern und auch zu vergleichen.

Triebfeder in der modernen Zahn-, Mund- und Kieferheilkunde ist der konsequent auf allen Ebenen beachtete Grundsatz der Prävention, nämlich mit *jeder* Maßnahme in jeglichem Bereich das Erkrankungsrisiko mindestens zu minimieren und möglichst zu eliminieren. Präventionsorientierte Zahnheilkunde als Leitbild des berufstätigen Zahnarztes strukturiert damit Qualitätssicherung, indem es der Prävention einen systematischen Stellenwert bei der Kuration zuweist.

Literatur:

Bundeszahnärztekammer und Kassenzahnärztliche Bundesvereinigung: Agenda Qualitätsförderung, Zahnärztl Mitt 17, 2004

Butz, R.: Qualitätssicherung in der ZahnMedizin. in: Schwarz, M., Frank, M., Engel, P. (Hrsg.): Weißbuch der ZahnMedizin. Quintessenz, Berlin, 2007, Bd. 1, S.131-150

Gemeinsamer Bundesausschuss: Richtlinie des gemeinsamen Bundesausschusses über grundsätzliche Anforderungen an ein einrichtungsinternes Qualitätsmanagement für die an der vertragsärztlichen Versorgung teilnehmenden Ärzte, Psychotherapeuten und medizinische Versorgungszentren (Qualitätsmanagement-Richtlinie vertragsärztliche Versorgung) vom 18.10.2005 Bundesanzeiger 2005; Nr. 248, S. 17329

Gemeinsamer Bundesausschuss: Richtlinie des gemeinsamen Bundessauschusses über grundsätzliche Anforderungen an ein einrichtungsinternes Qualitätsmanagement in der vertragszahnärztlichen Versorgung (Qualitätsmanagement-Richtlinie vertragszahnärztliche Versorgung) vom 17.11.2006 Bundesanzeiger 2006; Nr. 245, S. 7463

Heners, M, Walther, W.: Abschied vom Handwerkermodell Zahnheilkunde Zahnärztl Mitteil 1 (2000), S. 38

Micheelis, W., Walther, W., Szecsenyi, J.: Zahnärztliche Qualitätszirkel. IDZ-Reihe Bd. 18, Dtsch Ärzte-Verlag, Köln, 1997

IDZ (Institut der Deutschen Zahnärzte, Hrsg.) (2006) Vierte Deutsche Mundgesundheitsstudie (DMS IV): Neue Ergebnisse zu oralen Erkrankungsprävalenzen, Risikogruppen und zum zahnärztlichen Versorgungsgrad in Deutschland 2005. Deutscher Zahnärzte-Verlag, Köln

Nagel, E., Loss, J.: Ärztliches Handeln im Spannungsfeld zwischen Leit- und Richtlinien.

in: Schwarz, M., Frank, M., Engel, P. (Hrsg.): Weißbuch der ZahnMedizin. Quintessenz Berlin 2007, Bd. 1, S.101-106

Oesterreich, D., Ziller, S.: Präventionsorientierte Zahn-, Mund- und Kieferheilkunde – wichtige Krankheitsbilder und deren oralprophylaktischer Zugang. In: Prävention. Hrsg.: Kirch, W. und Badura B. Springer Medizin Verlag, Heidelberg, New York 2005, S. 553-574

Rohrbach, U.: Qualitätsmanagement in der zahnärztlichen Versorgung – eine Streitschrift.

In: Schwarz, M., Frank, M., Engel, P. (Hrsg.): Weißbuch der ZahnMedizin. Quintessenz, Berlin 2007, Bd. 1, S.125-130

Sozialgesetzbuch (SGB) Fünftes Buch (V) Auszug KZBV vom 1.4.2007 Neunter Abschnitt: Sicherung der Qualität der Leistungserbringung §135-§139 ff.

Wagner, W.: Die präventive Langzeitbetreuung als hauszahnärztliches Versorgungskonzept Quintessenz 2007; 58(11): S. 1143-1146

Wagner, W.: Qualitätsmanagement und Qualitätssicherung in der Zahn-, Mund- und Kieferheilkunde - eine kontinuierliche Aufgabe des Berufsstandes. In: Bundeszahnärztekammer (Hrsg.): Gesundheitswesen zwischen Wettbewerb und Regulierung. Quintessenz, Berlin, 2008, S. 71-81

Walther, W. u. Heners, M. Qualitätssicherung in der Zahnheilkunde Anspruch und Wirklichkeit. Hüthig Verlag, Heidelberg, 1995

Weitkamp, J.: Ein freier Beruf und seine professionspolitischen Herausforderungen. In: Schwarz, M., Frank, M., Engel, P. (Hrsg.): Weißbuch der ZahnMedizin., Quintessenz, Berlin, 2007, Bd. 2, S. 3-14

Qualitätssicherung im Rahmen der Hausarztzentrierten Versorgung der AOK Baden-Württemberg

Christopher Hermann

1. GKV-WSG: Veränderte Rahmenbedingungen in der gesetzlichen Krankenversicherung

Im Gegensatz zu teilweise vorschnell als „Jahrhundertreform" angekündigten Gesetzeswerken zum Gesundheitswesen in der Vergangenheit markiert das GKV-Wettbewerbsstärkungsgesetz (GKV-WSG vom 26.03.2007, BGBl. I S. 378) tatsächlich eine nachhaltige Zäsur in der Geschichte der gesetzlichen Krankenversicherung (GKV) in Deutschland. In der langen Phalanx wiederholten Bemühens der Politik seit den 70er Jahren des letzten Jahrhunderts, der GKV-Entwicklung Struktur und Konzeption zu unterlegen (Ebsen 2008, Rz. 15 ff.), nimmt das GKV-WSG neben dem Gesundheitsstrukturgesetz (GSG) von 1992 durchaus eine herausragende Stellung ein (Paquet/Schroeder 2009, S. 13).

Die Regelungen des GKV-WSG sind sowohl auf der Einnahmen- wie auf der Ausgabenseite der Krankenkassen von strukturbildender Bedeutung. Sie leisten im Kern einer massiven Zentralisierung der über die GKV organisierten Gesundheitsversorgung nachhaltig Vorschub: In Bezug auf die Einnahmeseite wird die kassenbezogene Systemarchitektur weitgehend entkernt, bezüglich der Leistungserbringung wird das tradierte korporatistische Arrangement des „einheitlich und gemeinsam" (Ebsen et al. 2003, S. 12 ff.; Hermann 2003, S. 18, 20 f.) vielfach weiter perfektioniert.

Seit Anfang 2009 haben die gesetzlichen Krankenkassen ihre seit dem Beginn staatlich organisierter Krankenversicherung im Kaiserreich Wilhelms II. normierte Satzungsautonomie zur Beitragssatzgestaltung (§ 241 i V m §§ 194 Abs. 1 Nr. 4, 197 Nr. 1 SGB V a. F.) verloren. Jetzt bestimmt die Bundesregierung wie seit längerem bereits in der gesetzlichen Rentenversicherung (GRV; § 160 SGB VI, Rische 1990, Rz. 58) auch in der GKV den Beitragssatz, den einheitlich alle Krankenkassen in Deutschland zu erheben haben (§ 241 Abs. 2 SGB V; Orlowski/Wasem 2007, S. 37). Er beträgt im 1. Halbjahr 2009 15,5% (rd. 0,6 Beitragssatzpunkte über dem Durchschnittsbeitragssatz aller Krankenkassen im Vorjahr) und sinkt ab 01.07.2009 im Rahmen der Maßnahmen des Konjunkturpakets II der Bundesregierung zur Bewältigung der globalen Wirtschafts- und Finanzkrise in Deutschland durch vorfristige Anhebung des Steueranteils in der GKV auf 14,9%.

Gleichzeitig ist den Krankenkassen auch ihre Finanzautonomie im Hinblick auf die Beitragseinnahmen und deren Verwaltung entzogen worden. Sie haben nunmehr die Beiträge zur Krankenversicherung unmittelbar abzuführen (§ 28 k Abs. 1 Satz 1 SGB IV). Instrument der Vereinheitlichung bildet der vom Bundesversicherungsamt (BVA) als Sondervermögen verwaltete Gesundheitsfonds (§ 271 SGB V), der als zentrale Sammelstelle und Drehscheibe für alle (Beitrags-)Einnahmen der GKV und deren Rückverteilung an die Krankenversicherungsträger fungiert (Göpffarth in Becker/Kingreen 2008, S. 1226 ff). Aus dem Gesundheitsfonds erhalten die Krankenkassen bundeseinheitlich „zur Deckung ihrer Ausgaben eine Grundpauschale, alters-, geschlechts- und risikoadjustierte Zu- und Abschläge ... und Zuweisungen für sonstige Ausgaben" (§ 266 Abs. 1 Satz 1 SGB V; morbiditätsorientierter Risikostrukturausgleich). Gesetzliche Krankenkassen sind somit seit 01.01.2009 Zuweisungsempfänger zentralstaatlich festgesetzter und verwalteter Finanzmittel.

Krankenversicherungsträgern, für die – aus welchen nachvollziehbaren oder selbstverschuldeten Gründen auch immer – die Flatrate finanziell nicht auskömmlich ist, steht grundsätzlich die Erhebung eines auf maximal 1% des Einkommens ihrer Mitglieder begrenzten kassenindividuellen Zusatzbeitrages zur Verfügung (§ 242 Abs. 1 SGB V; Rixen in Becker/Kingreen 2008, S. 1151 f.). Da allerdings die Fondsmittel ohnehin erst dann zwingend durch höhere Beitragssätze aufzustocken sind, wenn sie unter 95% der gesamten GKV-Gesundheitsausgaben fallen (§ 220 Abs. 2 SGB V), läuft die Zeitschaltuhr bis zum deutschlandweiten Start eines Zusatzbeitrages in der GKV seit Anfang 2009.

Auf der Ausgabenseite gibt die neue „Universalkörperschaft" Spitzenverband Bund der Krankenkassen (§ 217 a SGB V) direkt oder vermittelt über die tradierten korporatistischen Institutionen der sogenannten Gemeinsamen Selbstverwaltung (Bewertungsausschuss, Gemeinsamer Bundesausschuss etc.) nunmehr weite Teile der Ausgabengestaltung der Krankenkassen ebenfalls zentral einheitlich vor. Insgesamt lassen sich im engeren oder weiteren Krankenversicherungsrecht weit über 140 verschiedene Aufgabenfelder des GKV-Spitzenverbandes identifizieren, die sich auf die Bereiche Versorgungsmanagement und Leistungserbringung oder die Gestaltung der Arzneimittelversorgung und den Krankenhaussektor erstrecken.

Die Gemeinsame Selbstverwaltung hat vor dem Hintergrund neuer rechtlicher Grundlagen die vertragsärztliche Vergütungsstrukturierung im Kollektivvertragssystem (§§ 87 ff. SGB V; Orlowski/Wasem 2007, S. 65 ff.; Staffeldt 2008) in die Einbahnstraße zentral vorgegebener Egalisierung geschoben. Über einen bundesweiten Orientierungspunktwert (§ 87 Abs. 2 e SGB V) werden die Vergütungen für niedergelassene Ärzte nach einem politisch vorgegebenen deutschlandweiten Honorarplus von mehr als 10% (mehr als 2,7 Mrd. EUR in Relation zu 2007) grundsätzlich auf ein Einheitsniveau nivelliert (Laschet 2008). Gleichzeitig ist auch im stationären Sektor mittelfristig der Weg zur Ablösung der Landesbasisfallwerte (LBFW) durch die Bildung eines einheitlichen Bundesbasisfallwertes (Artikel 2 Nr. 10 KHRG) vorgezeichnet.

2. GKV-WSG: Folgen und Reaktionen

Die Politik der Großen Koalition provoziert durch eine Vielzahl von Regelungen im GKV-WSG zwar einerseits die Etablierung uniformistisch-zentralistischer Strukturierung des gesamten GKV-gesteuerten Gesundheitswesens. Krankenkassen, die sich diesem Trend zur Vereinheitlichung bewusst entziehen wollen, bietet das GKV-WSG aber andererseits auch einige wettbewerbliche „Auswege", die auf kassenindividuell gestaltete „zielgenaue, qualitätsgestützte und effiziente Versorgungsformen" (Allgemeine Begründung zum GKV-WSG, Bundestags-Drucksache 16/3100, Abschnitt A II 11) gerichtet sind. Neben der Erfüllung der „Pflichtaufgaben" einer versichertenorientierten Krankenkasse, durch optimalen Kundenservice, proaktive Betreuung und Beratung etc. im Wettbewerb um Versicherte zu überzeugen, bieten sich durchaus Handlungsoptionen, um auch dem Mehltau von Uniformität und virtueller Einheitskrankenkasse im Versorgungsgeschehen zu entfliehen (vgl. Abb. 1).

(Abb. 1)

Die Schneisen in eine offenere, differenzierte Ausgestaltung des solidarischen GKV-Systems eröffnen strukturell dort Freiräume, wo mit der Einführung der Wahlfreiheit der Versicherten 1996 als Ergebnis des Lahnstein-Kompromisses zum GSG vom Gesetzgeber konzeptionell begonnen wurde (Hermann 2006, S. 222). Ihre Ausformung verlief seither in einem ebenso zähen wie teilweise widersprüchlichen Prozess der Etablierung selektiver Vertragsoptionen für einzelne Leistungsträger und Leistungserbringer (Ebsen 2008, Rz. 35 ff.).

Neben ausgeprägten Möglichkeiten zu Wahltarifen, die systematisch vornehmlich – aber nicht ausschließlich – auf den Wettbewerb um gesunde Versicherte/Kunden ausgerichtet sind (vgl. § 53 SGB V), hat das GKV-WSG die selektivvertraglichen Optionen im Hinblick auf qualitäts- und effizienzorientierte Versorgungsgestaltung für innovative Krankenkassen deutlich erweitert:

- In der Arzneimittelversorgung sind die Regelungen zum Abschluss von Rabattvereinbarungen zwischen Krankenkassen und pharmazeutischen Unternehmen (§ 130 a Abs. 8 SGB V) funktionstüchtig gestaltet worden (Dietz 2008, S. 43).
- In der Hilfsmittelversorgung bilden Einzelverträge auf Basis von Ausschreibungen zwischen Krankenkassen und Leistungserbringern – auch nach Relativierungen durch das GKV-Organisations-Weiterentwicklungsgesetz (GKV-OrgWG vom 15.12.2008, BGBl. I S. 2426) seit 01.01.2009 gleichwohl weiterhin zumindest – grundsätzliche Vertragsoptionen (§§ 126 f. SGB V).
- In der ambulanten hausärztlichen Versorgung haben alle Krankenkassen ihren Versicherten flächendeckend eine besondere hausärztliche Versorgung – die Hausarztzentrierte Versorgung (HZV; § 73 b SGB V) – anzubieten, und zwar (nach Ergänzung durch das GKV-OrgWG) bis spätestens zum 30.06.2009 (§ 73 b Abs. 4 Satz 1 SGB V). Die HZV ist durch Verträge mit Vertragsärztegruppen sicherzustellen, insoweit geht der Sicherstellungsauftrag für die vertragsärztliche Versorgung von der Kassenärztlichen Vereinigung (KV) – erstmals seit der Restauration des kassenärztlichen Versorgungsmonopols Mitte der 50er-Jahre des letzten Jahrhunderts (Schneider 1994, S. 57 f.) – auf die jeweilige Krankenkasse über (§ 73 b Abs. 4 Satz 6 SGB V; Ebsen 2008, Rz. 125; Huster in Becker/Kingreen 2008, S. 471 f.).
- In der ambulanten fachärztlichen Versorgung können Krankenkassen die Sicherstellung der Versorgung für ihre Versicherten sowohl für einzelne Bereiche als auch für die gesamte fachärztliche Versorgung durch Verträge mit Gruppen von Vertragsärzten direkt übernehmen (§ 73 c SGB V; Ebsen 2008, Rz. 126).

Von zentraler Bedeutung ist dabei im Bereich der HZV, dass die vertragliche Einbindung der KV gesetzlich auf Fälle eingegrenzt ist, in denen sie von Ärztegemeinschaften hierzu ausdrücklich ermächtigt worden ist (§ 73 b Abs. 4 Satz 3 Nr. 4 SGB V), ansonsten – also wohl im Regelfall – hat eine KV bei der Vertragsgestaltung zur HZV keine (unmittelbare) Funktion mehr. Strukturen, Prozesse und Ziele der HZV werden im Rahmen der gesetzlichen Vorgaben alleine und ausschließlich von den Selektivvertragspartnern, Krankenkasse hier und freie ärztliche Leistungserbringer(-gruppen) dort, festgelegt.

3. Hausarztzentrierte Versorgung (HZV) der AOK Baden-Württemberg - Eckpunkte

Die selektivvertraglichen Optionen des GKV-WSG sind von der AOK Baden-Württemberg unmittelbar mit dem Ziel aufgegriffen worden, unter den Bedingungen des Gesundheitsfonds gemeinsam mit innovativen Partnern, mittel- und langfristig Versorgungssicherung und -optimierung für die eigenen Versicherten über erhöhte Effizienzorientierung des beeinflussbaren Leistungsgeschehens aktiv mit zu gestalten. Zudem sollen Unterscheidbarkeit und Attraktivität der eigenen Krankenkasse nachhaltig unterstrichen werden. Sowohl im Bereich der Arzneimittel-Selektivverträge (Hermann 2008, S. 195 ff.; Hermann/Wienands 2008) als auch der Optionen eigenständiger Verträge nach §§ 73 b und c SGB V hat die AOK Baden-Württemberg von Beginn an konsequent auf Offensive gesetzt.

3.1 Grundlagen und Grundzüge

Insbesondere beim Vorgehen in Bezug auf § 73 b SGB V kann die AOK Baden-Württemberg dabei die umfangreichen praktischen Erfahrungen bei der Implementierung und Umsetzung komplexer qualitätsorientierter Vollversorgungsprojekte nutzen, die mit den 2003/4 etablierten Hausarztmodellen (nach §§ 63 ff. SGB V) im Raum Mannheim und in Südbaden gesammelt worden sind. An ihnen sind jeweils rund 100 (Haus-)Ärzte und 10.000 Versicherte der AOK Baden-Württemberg beteiligt; sie sind bewusst als Strategie-/Leuchtturmprojekte aufgesetzt und werden umfangreich wissenschaftlich evaluiert (Hermann 2009).

Die dabei über Jahre hinweg gewonnenen Erkenntnisse im spezifischen Projektmanagement und in der Projektbegleitung, über praxistaugliche Versorgungspfade und Organisationsstrukturen standen Pate für den ersten Vertrag zur HZV in Deutschland, der die gesetzlichen Optionen des § 73 b SGB V voll ausschöpft (vgl. Abb. 2).

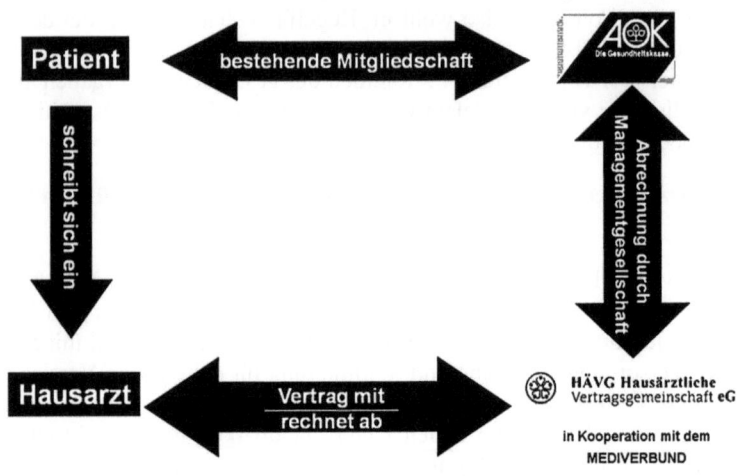

(Abb. 2)

Im Mai 2008 unterzeichneten der Deutsche Hausärzteverband, Landesverband Baden-Württemberg, MEDI Baden-Württemberg, jeweils unterstützt durch deren Dienstleistungsgesellschaften, und die AOK Baden-Württemberg den Vertrag zur HZV im „Ländle" (Vertragstext mit Anlagen unter: www.aok-gesundheitspartner.de/bw/arztundpraxis/hzv/index.html).

Im Vorfeld war die Bietergemeinschaft Hausärzteverband/MEDI als Sieger aus dem im Dezember 2007/Januar 2008 durchgeführten öffentlichen Ausschreibungsverfahren (§ 73 b Abs. 4 Satz 5 2. Halbsatz SGB V) hervorgegangen. Sie hatte sich mit einem qualifizierten Angebot auf Basis einer entsprechenden Mandatierung ihrer Mitglieder gegen etablierte Anbietergruppen durchgesetzt.

Entsprechend den Anforderungen garantierte bereits das Angebot die Abdeckung des vollständigen hausärztlichen Leistungsspektrums mit Ausnahme des Notdienstes durch mindestens 3.000 an der hausärztlichen Versorgung teilnehmende Ärzte (§ 73 Abs. 1 und 1 a SGB V) für alle Versicherten der AOK Baden-Württemberg. Zudem wurde eine online-gestützte Kommunikation insbesondere für Zwecke der Abrechnung und Honorierung sowie zur Unterstützung der teilnehmenden Arztpraxen durch eine entsprechende Vertragssoftware zugesichert, deren Funktionstüchtigkeit mit den Vertragspartnern über eine eigene Managementgesellschaft erreicht wird.

Wie in der Ausschreibung angestrebt, startete die HZV für die Hausärzte am 01.07.2008 und für die Versicherten der AOK Baden-Württemberg ein Quartal später. Im 2. Quartal 2009 nehmen bereits rund 2.500 Hausärzte und 405.000 Versicherte der AOK Baden-Württemberg an der HZV („AOK-HausarztProgramm") teil.

Dabei ist die Vertragsdauer grundsätzlich unbefristet, bei erstmaliger Kündigungsmöglichkeit nach frühestens 5 Jahren. Bereits dadurch setzen die Vertragsparteien ein deutliches Signal im Hinblick auf eine dauerhafte Partnerschaft. Leistungsgegenstand des Vertrages bilden alle ärztlichen Leistungen, die das typische hausärztliche Behandlungsspektrum mit Ausnahme des Notdienstes vollständig abdecken, der über eine gesonderte Vereinbarung mit der KV Baden-Württemberg gegen Kostenersatz (weiterhin) von dort sichergestellt wird.

Koordinierung und Abwicklung des Vertrages erfolgen über eine eigene Managementgesellschaft, die Hausärztliche Vertragsgemeinschaft (HÄVG), ein genossenschaftlich organisiertes Unternehmen, das für den Hausärzteverband alle Managementaufgaben wahrnimmt, in Kooperation mit dem MEDI-Verbund, der entsprechende Aufgaben für Mitglieder von MEDI sicherstellt. Insbesondere die Erfassung der teilnehmenden Ärzte inklusive der Prüfung von (qualitätsgebundenen) Teilnahmevoraussetzungen, die Bereitstellung von Informationsunterlagen und die Pflege der Arztstammdaten, die Organisation und das Angebot vertraglich bestimmter Fortbildungsveranstaltungen, die Erstellung der Abrechnung und die Weiterleitung der Honorare an die teilnehmenden Hausärzte bilden wesentliche Serviceaufgaben, die eigenständig von der Managementgesellschaft geleistet werden.

Die Teilnahme am HZV-Vertrag ist sowohl für die Ärzte als auch für die Versicherten der AOK Baden-Württemberg freiwillig, wobei den Versicherten die freie Wahl unter allen an der HZV teilnehmenden Ärzten eröffnet ist. Versicherte verpflichten sich für die Dauer von (zunächst) einem Jahr ausschließlich den von ihnen gewählten Hausarzt in Anspruch zu nehmen sowie, von Notfällen abgesehen, ambulante ärztliche Behandlung mit Ausnahme von Augenärzten und Gynäkologen nur auf dessen Überweisung (vgl. § 73 b Abs. 3 SGB V).

3.2 Vergütungsgestaltung

Die Vergütung der an der HZV teilnehmenden Ärzte baut primär auf den Grundlagen ärztlicher Verantwortung und Vertrauen auf und wird nicht mehr ausschließlich an Interventionen geknüpft. Sie erfolgt über kontaktunabhängige und kontaktabhängige Pauschalen einerseits sowie wenige Einzelleistungen, Zuschläge für spezielle Qualifikationen und die Honorierung für das Erreichen von durch die Vertragspartner einvernehmlich festgelegten Qualitäts- und Versorgungszielen („Bierdeckel-Vergütung"; vgl. Abb. 3) andererseits. Bereits durch die Pauschalen sind alle hausärztlichen Tätigkeiten, die der Arzt nach seiner Qualifikation und Praxisausstattung erbringen kann, abgedeckt. Diese Honorarstruktur fördert somit Transparenz und Kalkulierbarkeit für alle Beteiligten. Sie beseitigt die ebenso unübersichtliche wie umfangreiche Ziffernwüste des Einheitlichen Bewertungsmaßstabes (EBM) der Normalversorgung. Die dort typischen Begrenzungen der Leistungsmengen, der Fallzahlen und/oder die Abstaffelung der Vergütungen ab einem gewissen Vergütungslevel finden ausdrücklich nicht statt.

Hausarztzentrierte Versorgung der AOK Baden-Württemberg - Eckpunkte

Vergütungssystematik

- Attraktive und einfache Vergütungsstruktur
- Abbau von Bürokratie
- Förderung der Kommunikation durch Etablierung effizienter und schlanker Abrechnungs- und Dokumentationsstrukturen

Pauschale 1 (kontaktunabhängig pro Jahr, 65.- Euro)	Pauschale 2 (kontaktabhängig pro Quartal, max. 3 x 40.- Euro)
Pauschale 3 (Zuschlag für chronisch kranke Patienten, max. 4 x 25 bis 30.-* Euro)	Vorhaltezuschläge, Einzelleistungen, ergebnisabhängige Zusatzvergütung

Durchschnittlicher Fallwert > 80 Euro

(Abb. 3)

Kernelement der Vergütungssystematik im Einzelnen bildet die kontaktunabhängige Grundpauschale von derzeit 65 EUR pro Jahr für jeden eingeschriebenen Versicherten, zu der gegebenenfalls Zuschläge für Sonographie (8 EUR), kleine Chirurgie (5 EUR) und Psychosomatik (6 EUR) hinzukommen, wenn der Hausarzt diese Leistungen anbietet. Die Vergütung erfolgt im 1. Quartal nach der Einschreibung unabhängig davon, ob der Patient in dem Quartal die Praxis überhaupt aufsucht. Die kontaktabhängige Behandlungspauschale (Pauschale 2; derzeit 40 EUR pro Quartal) wird bei mindestens einem Arzt-Patienten-Kontakt pro Quartal ausgelöst und kann maximal 3 x pro Jahr angesetzt werden. Sie gilt für das 1. Quartal mit persönlichem Arzt-Patienten-Kontakt als mit der Grundpauschale abgegolten. Eine weitere Pauschale für chronisch kranke Patienten (nach der Definition des Gemeinsamen Bundesausschusses) von derzeit 25

EUR/Quartal (Pauschale 3) stellt sicher, dass die Vergütung insgesamt den überproportionalen Behandlungsbedarf dieser Patientenklientel aufgreift. Sie wird pro Quartal um weitere 5 EUR erhöht, wenn die Praxis eine zertifizierte und besonders qualifizierte Versorgungsassistentin („Verah") beschäftigt, die im Rahmen der Chronikerbetreuung ein interdisziplinäres, unterschwelliges, patientenorientiertes Case-Management übernimmt.

Daneben treten einige wenige Einzelleistungen, etwa bei unvorhergesehener Inanspruchnahme außerhalb der Sprechzeiten oder für Krebsfrüherkennungsuntersuchungen, sowie insbesondere qualitäts- und ergebnisorientierte Vergütungszuschläge. Diese werden für das Erreichen von durch die Vertragspartner einvernehmlich festgelegten Zielquoten bei Gesundheitsuntersuchungen (Check-up-Quote; für Kinder- und Jugendärzte: U7-Quote), Impfungen (Grippeschutzimpfungen für Versicherte ab 60 Jahren; bei Kinder- und Jugendärzten: Masern-Mumps-Röteln-Impfungen) und rationaler Pharmakotherapie (dazu unter 4.2) gezahlt.

Die Vergütungsbestandteile summieren sich zu einem überaus attraktiven hausärztlichen Durchschnittshonorar je Behandlungsfall von über 80 EUR/Quartal. Die Fallwerte in der Normalversorgung für Hausärzte in Baden-Württemberg werden damit um mindestens 30% übertroffen – und dies ohne jede Abstaffelung, Floatierung oder Fallzahlbegrenzung.

4. Besonderheiten der Qualitätssicherung in der HZV

Den Versicherten der AOK Baden-Württemberg wird mit der HZV eine hausärztliche Versorgung dauerhaft zugesichert, die sich im Hinblick auf Versorgungsqualität und -intensität nachhaltig vom Normalsystem positiv abhebt. Die Vertragspartner greifen die vom Gesetzgeber vorgegebenen Qualitätsanforderungen für HZV-Verträge (§ 73 b Abs. 2 SGB V; Seewald 2006, S. 649 f.) nicht nur positiv auf, sie setzen sie auch praxisorientiert konkretisiert und umfassend ergänzt um.

4.1 Struktur- und Prozessqualitäten

Den eingeschriebenen Versicherten der AOK Baden-Württemberg werden deutlich erweiterte besondere Gesundheits- und Serviceleistungen geboten. Sie umfassen namentlich eine ergänzte jährliche Gesundheitsuntersuchung („Check-up 35"),

- absehbar eine EDV-gestützte individuelle Risikoprognose für Herzinfarkt- und Schlaganfall („ARRIBA", entwickelt von den Abteilungen für Allgemeinmedizin der Universitäten Marburg und Düsseldorf),
- eine wöchentliche Abendsprechstunde insbesondere für Berufstätige,

- Wartezeiten von maximal 30 Minuten,
- die Unterstützung bei der kurzfristigen Vereinbarung von Facharztterminen sowie
- die Zuzahlungsbefreiung für alle vom HZV-Arzt verordneten Arzneimittel im Rahmen der AOK-Rabattverträge ab 01.06.2009.

Diese für den Versicherten unmittelbar erlebbaren Besonderheiten auf der Ebene der teilnehmenden Arztpraxen werden ergänzt durch obligatorische Strukturqualitäten wie die vorgegebene apparative Mindestausstattung der Praxen (Blutzuckermessgerät, EKG, Spirometer mit FEV1-Bestimmung).

Darüber hinaus sind die teilnehmenden Hausärzte – Stichwort Ausbau der Strukturqualität – verpflichtet, bis Ende 2009 die Qualifikation zur Verordnung von Leistungen der medizinischen Rehabilitation sowie bis Ende 2011 die Qualifikation zur Anwendung von Maßnahmen der psychosomatischen Grundversorgung nachzuweisen. Die Fortbildungsverpflichtung umfasst jährlich den Besuch von mindestens zwei von der „Fortbildungskommission Allgemeinmedizin" zugelassener Fortbildungsveranstaltungen mit hausarztspezifischen Inhalten wie Palliativversorgung, patientenzentrierte Gesprächsführung, Geriatrie oder allgemeine Schmerztherapie.

Die „Fortbildungskommission Allgemeinmedizin", die aus Mitgliedern der DEGAM, des Instituts für hausärztliche Fortbildung (IhF) und des Kompetenzzentrums für Allgemeinmedizin an der Universität Heidelberg zusammengesetzt ist, legt auch Struktur und Inhalte der Qualitätszirkel fest. Die HZV-Ärzte haben jährlich an mindestens vier Qualitätszirkeln teilzunehmen. Die Qualitätszirkelarbeit umfasst obligatorisch Module zur Pharmakotherapie auf der Grundlage einer langfristig angelegten Kooperation mit dem AQUA-Institut (Göttingen). Dabei werden auch die Verordnungs- und Diagnosedaten von AOK-Versicherten in pseudonymisierter Form zur Erstellung von Verordnungsanalysen aufbereitet. Praxisindividuelle Verordnungsanalysen erhalten die teilnehmenden Ärzte im Rahmen der Qualitätszirkel ausschließlich persönlich. Die Moderatoren, die Qualitätszirkelarbeit leisten, müssen durch eine spezielle Schulung für die Fortbildung in der HZV besonders qualifiziert sein. Darüber hinaus wird die Einführung eines auf die besonderen Bedingungen der hausärztlichen Praxis zugeschnittenen, indikatorengestützten Qualitätsmanagementsystems verlangt (vgl. zu weiteren Einzelheiten Abb. 4).

Qualitätssicherung in der Hausarztzentrierten Versorgung

Qualitätsanforderungen

Prozessqualität – Arztebene:
- Durchführung erweiterte Gesundheitsuntersuchung
- Aktive Umsetzung DMP Diabetes Typ 2, KHK, COPD (Kinder-/Jugendärzte nur DMP-Asthma)
- Berücksichtigung hausarztspezifischer, evidenzbasierter Leitlinien
- Einbindung AOK-Gesundheitsangebote
- Einbindung Sozialer Dienst der AOK Baden-Württemberg
- Perspektivisch: Einsatz von ARRIBA, Befüllen elektronische Patientenakte

(Abb. 4)

4.2 Strukturqualitätsanforderung gemeinsame IT-Infrastruktur

Unabdingbare Grundlagen zur von den Vertragspartnern gemeinsam kontinuierlich (weiter-)entwickelten Steuerung von Abrechnungs-, Verordnungs- und Informationsprozessen bilden die ebenfalls obligatorisch vorgegebene Online-Fähigkeit des jeweiligen Arztpraxissoftwaresystems und die gleichzeitige Ausstattung mit einer vertragsspezifischen Software in der jeweils aktuellen Version (zu Details s. Vertrag Anlage 10). Dabei ist selbstredend, dass die Vertragssoftware garantiert pharmawerbe- und pharmaeinflussfrei gestaltet ist (und bleibt). Nur durch sukzessiv ausgebaute strukturierte Elemente zur rationalen Versorgungssteuerung in und durch die Hausarztpraxen, die von den Vertragspartnern gemeinsam vertrauensvoll gestaltet und fortentwickelt werden, eröffnen sich auch die notwendigen finanziellen Spielräume für die dargestellte (s. 3.2) innovative Vergütungsstruktur, die in der Summe deutlich über die mit der KV Baden-Württemberg vertraglich vereinbarte Bereinigung der Gesamtvergütung (§ 73 b Abs. 7 SGB V; Huster in Becker/Kingreen 2008, S. 472) hinausgeht.

Die Gestaltung einer rationalen Pharmakotherapie in der Hausarztpraxis bei ausdrücklich zugesicherter Therapiefreiheit der teilnehmenden Ärzte bildet dabei einen primären Baustein (Staeck 2008). Um dies erreichen zu können, haben die Vertragspartner eine mit internen und externen Fachleuten besetzte Arzneimittelkommission berufen, die kontinuierlich an der Fortentwicklung einer praxistauglichen Unterstützung rationalen Verordnungsverhaltens für die beteiligten Hausärzte arbeitet. Zentrale Elemente bilden dabei

- zum Einen eine speziell programmierte Arzneimittelsubstitutionsliste mit farblich hinterlegten Hinweisen in der Vertragssoftware und
- zum Anderen kontinuierlich elektronisch aktualisierte Preis- und Rabattinformationen über Arzneimittel.

Konkret werden patentfreie Arzneimittel (Generika), für die die AOK Baden-Württemberg im Rahmen der AOK-übergreifenden Ausschreibungsverfahren Rabattverträge mit pharmazeutischen Unternehmen abgeschlossen hat, in einer einfachen Ampellogik prominent positiv herausgestellt und patentgeschützte sowie biotechnologisch hergestellte Arzneimittel, für die ebenfalls Rabattverträge vereinbart sind, gleichfalls farblich vorteilhaft hinterlegt. Von der Arzneimittelkommission als „substitutionswürdig" eingestufte Arzneimittel werden entsprechend farblich grell auffällig gekennzeichnet (s. Abb. 5).

Qualitätssicherung in der Hausarztzentrierten Versorgung

Prozessqualitätsanforderung: IT-Infrastruktur und rationale Pharmakotherapie

Arzneimittel-Kommission der Vertragspartner hat entschieden:
"AM-Substitutionsliste" mit farblicher Kennzeichnung

- ■ Grün: Patentfreie Arzneimittel AOK-Rabattverträge oder jeweils drei preiswerteste Arzneimittel ohne Rabattvertrag
- ■ Blau: Patentgeschütze und/oder biotechnologische Arzneimittel, für die AOK-Rabattvertrag besteht
- ■ Orange: Patentgeschütze und/oder biotechnologische Arzneimittel, die durch rabattiertes Arzneimittel substituiert werden können
- ■ Rot: Me-too-Arzneimittel, die durch grün hinterlegte Arzneimittel substituiert werden können
- ■ Farblos: Übrige Arzneimittel

Qualitätszuschlag für rationale Pharmakotherapie:
4 €/Quartal/eingeschriebener Versicherter

(Abb. 5)

Der softwaregestützte Weg zur rationalen Pharmakotherapie findet sein fachliches Pendant in der angeführten obligatorischen pharmakotherapiebezogenen Qualitätszirkelarbeit. Er bildet den ersten wesentlichen Grundpfeiler auf dem Weg der Vertragspartner zur kontinuierlichen Struktur- und Prozessoptimierung durch gemeinsam vereinbarte Informationen in der Vertragssoftware. Ohne pharmawerbefreie Vertragssoftware bliebe die von den Vertragspartnern anvisierte nachhaltige Unterstützung der Hausärzte zur komfortablen Umsetzung einer qualitativ hochwertigen, wirtschaftlichen Verordnung von vornherein Makulatur.

Als nächste versorgungsoptimierende Steuerungsinformationen in der Software für die Hausärzte werden derzeit Hinweise zur Verordnung häuslicher Krankenpflege (HKP) sowie zur Heil- und Hilfsmittelverordnung programmiert. Die Abbildung von Leitlinieninformationen wird im nächsten Schritt folgen.

Gemeinsames Ziel der Vertragspartner ist die nachhaltige Entlastung und Unterstützung der Ärzte im Praxisalltag. Sie unterstreichen damit ihre Überzeugung, ganz bewusst nicht (mehr) auf die aus dem tradierten Versorgungssystem bekannten und ablehnend-kritisch begleiteten Elemente der (regiden) Kontrolle und Sanktionierung zum Erreichen zentraler, anonymer Vorgaben zu setzen, sondern praktische Hilfestellungen zu leisten durch gemeinsam getragene Antworten auf die durch Multimorbidität und Hochaltrigkeit vieler Patienten zunehmend komplexer werdenden Anforderungen im hausärztlichen Versorgungsalltag.

5. Paradigmenwechsel für Hausärzte in Baden-Württemberg

Die Breite der Qualitätsanforderungen sowohl auf der Ebene der Praxen als auch der teilnehmenden Hausärzte gemeinsam mit der strukturell für Deutschland vorbildlosen Dimension einer eigenen Vertragssoftware bilden die Fundamente für die neue Qualität der Kooperation der Beteiligten, die auf gegenseitiges Vertrauen und gemeinsame Versorgungsverantwortung für die Patieten/Versicherten der AOK Baden-Württemberg setzt. Sie bietet nach Überzeugung der Vertragspartner den Hausärzten in Baden-Württemberg erstmals eine tragfähige und zukunftsorientierte Alternative zur vielfach als frustrierend und hoch bürokratielastig erlebten Normalversorgung. Der Paradigmenwechsel in der hausärztlichen Versorgung ist offensichtlich ebenso beim Blick auf die nachhaltige Förderung der Kommunikation wie unter dem Focus der Vergütungsgestaltung bei gleichzeitig effizienten und schlanken Abrechnungs- und Dokumentationsstrukturen.

Der HZV-Vertrag der AOK Baden-Württemberg ist nicht zuletzt Ausdruck der besonderen Anerkennung der hausärztlichen Leistungen zur dauerhaften Sicherung einer umfassenden Grund- und Regelversorgung für Versicherte und Patienten in einer zunehmend älter werdenden Gesellschaft. Er rückt die Arzt-Patienten-Beziehung selbst (wieder) ins Zentrum hausärztlicher Tätigkeit und nicht mehr die einzelne (technische) Leistung.

Er markiert gleichzeitig auch einen bedeutenden Schritt in den notwendigen Ausbau der Unterstützung und Entlastung ärztlichen Handelns durch moderne Technologie, die Vernetzung durch obligatorische Vertragssoftware bei anerkannt höchsten Datensicherheitsstandards (obligatorische Konnektorlösung) gewährleistet. Der Vertrag bietet damit eine solide, belastbare Basis sowohl zur mittel- und langfristigen Sicherung einer auskömmlich flächendeckenden hausärztlichen Versorgung in Baden-Württemberg als auch zur notwendigen strukturellen Vernetzung der teilnehmenden Hausärzte mit der fachärztlichen Versorgungsebene, wie sie § 73 c SGB V zielführend vorzeichnet.

Literatur:

Becker U./Kingreen T. (2008): SGB V. Gesetzliche Krankenversicherung. Kommentar, München

Dietz U. (2008): Kurze Geschichte der Arzneimittel-Rabattverträge und Mutmaßungen über die weitere Entwicklung, Gesundheits- und Sozialpolitik 4/2008, S. 41-47

Ebsen I. (2008): Krankenversicherung, in: von Maydell B./Ruland F./Becker U. (Hg.), Sozialrechtshandbuch, 4. Auflage, Baden-Baden, S. 680-752

Ebsen I./Greß S./Jacobs K./Sczesenyi J./Wasem J. (2003): Vertragswettbewerb in der gesetzlichen Krankenversicherung zur Verbesserung von Qualität und Wirtschaftlichkeit der Gesundheitsversorgung, o. O.

Hermann C. (2003): Vom „Einheitlich und Gemeinsam" zur Solidarischen Wettbewerbsordnung – Prämissen und Strukturelemente einer Gesundheitsreform für die Berliner Republik, Gesundheits- und Sozialpolitik 5-6/2003, S. 17-23

Hermann C. (2006): Zwischen Wettbewerbsrhetorik und solidarischer Wettbewerbsgestaltung – Realisierungsoptionen für einen zukunftstauglichen GKV-Ordnungsrahmen, in: Göpffarth D./Greß S./Jacobs K./Wasem J. (Hg.), Jahrbuch Risikostrukturausgleich 2006, 10 Jahre Kassenwahlfreiheit, St. Augustin, S. 219-229

Hermann C. (2008): Kommunikation der AOK-Verträge mit den Stakeholdern, in: Ecker T./Preuß K.-J./Roski R. (Hg.), Handbuch Direktverträge. Nachhaltige Vertragsstrategien im Gesundheitswesen, o. O., S. 191-202

Hermann C. (2009): Ziele der AOK Baden-Württemberg im Rahmen der Integrierten Versorgung, in: Wille F./Knabner K. (Hg.), Die besonderen Versorgungsformen: Herausforderungen für Krankenkassen und Leistungserbringer, 12. Bad Orber Gespräche, Frankfurt (Main)/Berlin/Bern/Brüssel/New York/Oxford/Wien, S. 125-133

Hermann C./Wienands F. (2008): Das Erfolgsmodell Arzneimittelrabatte – Kostendämpfung und Kostenverantwortung der Krankenkassen, Monitor Versorgungsforschung 1/2008, S. 27-30

Laschet H. (2008): Die Honorarreform – ein Meilenstein für die Ärzte, Implicon 8/2008, S. 1-6

Orlowski U./Wasem J. (2007): Gesundheitsreform 2007 (GKV-WSG). Änderungen und Auswirkungen auf einen Blick, Heidelerg/München/Landsberg/Berlin/Frankfurt (Main)

Paquet R./Schroeder W. (2009): Gesundheitsreform 2007 – Akteure, Interessen und Prozesse, in: Schroeder W./Paquet R. (Hg.), Gesundheitsreform 2007, Nach der Reform ist vor der Reform, Wiesbaden, S. 11-29

Rische H. (1990): Die Finanzierung der Rentenversicherung, in: Ruland F. (Hg.), Handbuch der gesetzlichen Rentenversicherung, Festschrift aus Anlass des 100-jährigen Bestehens der gesetzlichen Rentenversicherung, Neuwied, S. 961-993

Schneider G. (1994): Handbuch des Kasssenarztrechts, Köln/Berlin/Bonn/München

Seewald O. (2006): Qualitätssicherung in der vertragsärztlichen Versorgung, in: Schnapp F./Wigge P. (Hg.), Handbuch des Vertragsarztrechts. Das gesamte Kassenarztrecht, 2. Auflage, München, S. 620-658

Staeck F. (2008): Therapiefreiheit – in Ampelfarben verpackt, Ärztezeitung, 07.10.2008

Staffeldt T. (2008): Vergütungsreform – im Zeitplan und aus den Fugen, Gesundheits- und Sozialpolitik 4/2008, S. 36-40

Effekte des neuen Risikostrukturausgleichs auf die Qualität der Arzneimittelversorgung
Gerd Glaeske

Der Risikostrukturausgleich (RSA) wurde 1994 in die Gesetzliche Krankenversicherung (GKV) eingeführt. Er sollte dazu dienen, die Verwerfungen der Versichertenrisiken zwischen den einzelnen Kassen, die historisch durch die attrahierten Versichertenpopulationen entstanden waren, auszugleichen, um Kassen mit einem besonders belastenden Morbiditätsrisiko, das vor allem sozialschichts-, alters- und geschlechtsbedingt zustande kommt, finanziell nicht zu benachteiligen. Mit dem RSA sollten Voraussetzungen dafür geschaffen werden, dass alle Kassen, unabhängig vom Risiko ihrer Versichertenpopulation, ihren Versorgungsauftrag als Krankenkassen wahrnehmen können, ohne dadurch in eine finanzielle Schieflage mit Auswirkungen auf den Beitragssatz und damit in Wettbewerbsnachteile mit anderen Kassen zu kommen. Vom Beginn des RSA an gab es daher „Zahlerkassen" und „Empfängerkassen", also Kassen mit einer geringeren und einer höheren Morbiditäts- und damit Versorgungsbelastung. Schon bei der Einführung des RSA waren die Ausgleichkriterien Alter, Geschlecht und Anzahl der Mitversicherten des Mitglieds ergänzt um die Einstufung als „Erwerbsminderungsrentner", weil auch dieser Faktor als zusätzliche Belastung für das Morbiditätsrisiko erkannt wurde.

Mit der Einführung der Disease Management Programme (DMPs) im Jahre 2001 gab es eine zusätzliche Ergänzung: Die Morbiditätsbezüge wurden erweitert durch die Berücksichtigung der Einschreibungen in bestimmte strukturierte und akkreditierte Behandlungsprogramme, so dass Kassen ein Interesse daran entwickeln mussten, möglichst viele Patientinnen und Patienten mit den Zugangdiagnosen in die jeweiligen Behandlungsprogramme einzuschließen – ist der Ausgleichsbetrag in den DMPs doch deutlich höher als im „normalen" RSA. Diese Bindung der Einführung der DMPs an den RSA wurde vielfach kritisiert, da es den Kassen vor allem um die höheren Gutschriften aus dem RSA ging, weniger dagegen um die kontrollierte Umsetzung der strukturierten Behandlungsprogramme z.B. für Menschen mit Diabetes, Angina pectoris oder Asthma. Bis heute liegen keine belastbaren Ergebnisse der auch gesetzlich vorgesehenen externen Evaluation vor, die klären sollte, welche Patientinnen und Patienten besonders von einem strukturierten Behandlungsprogramm profitieren. Insofern kann man getrost von einem Einschreibewettbewerb sprechen, der mit dem Ziel der höheren Gutschriften aus dem RSA von den Kassen betrieben wurde – finanzielle Anreize für die Ärztinnen und Ärzte, sich an der Rekrutierung der entsprechenden Versicherten für die DMPs zu beteiligen, haben für viele Kassen durchaus positive Ergebnisse gezeigt. Ob die Qualität der Versorgung durch diese DMPs allerdings „großflächig" verbessert wurde, darf durchaus bezweifelt werden. Dass bestimmte Risikogruppen innerhalb der Krankheitsbilder davon profitierten, ist dagegen durchaus denkbar (Häussler & Glaeske, 2001a, 2001b).

Schon seit der Einführung des Risikostrukturausgleichs (RSA) im Jahre 1994 wurde darüber diskutiert, dass die Klassifizierung der Morbiditätslast durch die eingeführten Kriterien nicht ausreichend genug differenziere und dass weitere und „feinere" Möglichkeiten der Klassifikation notwendig seien, da der RSA nach Alter, Geschlecht und Status der Erwerbsminderung lediglich 7% der krankheitsbezogenen Ausgabenvarianz erklären kann. So schwanken die Leistungsausgaben für eine 32 jährige Frau in der GKV zwischen etwa 150 und 12.000 Euro – ohne Morbiditätskriterien ist ein solcher Unterschied nicht mehr zu erklären. Mit dem Rosa-Reformgesetz von 2001 hat der Gesetzgeber dieser Diskussion Rechnung getragen und festgelegt, dass der RSA ab dem Jahre 2007 „auf der Grundlage von Diagnosen, Diagnosegruppen, Indikatoren, Indikatorengruppen, medizinischen Leistungen oder Kombinationen dieser Merkmale" die Morbidität unmittelbar berücksichtigen solle. Das zu diesen Anforderungen vom BMGS in Auftrag gegebene Gutachten (IGES / Lauterbach / Wasen) wurde im Sommer 2004 vorgelegt. Dort wird vorgeschlagen, neben den bisherigen RSA-Merkmalen Alter, Geschlecht und Erwerbsminderungsrentner-Status zusätzlich sämtliche ambulant verordnete Arzneimittelwirkstoffe und sämtliche dokumentierten Krankenhausdiagnosen quasi als „Spiegel" für die individuelle Morbiditätslast für ein Differenzierung und Festlegung der kassenorientierten Ausgleichzahlungen heranzuziehen. Die Gutachter nutzten für diese Morbiditätsadjustierung das US-amerikanische Modell der „RxGroups + IHPCC (Inpatient Hierarchical Condition Categories)", das nach ihrer Meinung besonders gut auf die deutsche Versorgungssituation angewendet werden könne und ausreichend sicher – im Vergleich mit anderen methodischen Instrumenten - die Kosten der unterschiedlichen Morbidität abbilde. Die Schätzgüte wurde an Hand einer repräsentativen, versichertenbezogenen, pseudonymisierten Stichprobe von annähernd 2 Mio. Versicherten der GKV überprüft. Obwohl also dieses international entwickelte Verfahren, auf die deutschen Verhältnisse angewendet, für die Gutachter überraschend gute Ergebnisse erzielte, ist ein gewisser Anpassungsbedarf schon deshalb unabdingbar, weil der dem Modell zugrunde liegende US-amerikanische Arzneimittelmarkt gewisse Angebotscharakteristika aufweist, die sich in unserem Arzneimittelmarkt nicht in vergleichbarer Weise wieder finden. Daher gab es auch von Beginn an kritische Stimmen, die darauf hinwiesen, dass dieses von den Gutachtern vorgeschlagene „RxGroups + IPHCC"-Modell nicht ohne weiteres auf Deutschland übertragbar sein, ja dass es sogar unerwünschte Anreize zur Bevorzugung einer unnötig teuren Versorgung in Gang setzen könnte.

Um diese kritischen Anmerkungen aufzugreifen und um die Größenordnung eines ohne Frage bestehenden Anpassungsbedarfs abzuschätzen, wurde bereits 2005 zu diesem Themenkomplex erstellt (Glaeske 2005). Insgesamt kommt diese Expertise zu dem Schluss, dass den Gutachtern mit ihrer Einschätzung der Brauchbarkeit des „RxGroup"-Modells im deutschen Markt zwar zuzustimmen ist, dass aber an einigen Stellen ohne Frage ein Anpassungsbedarf reklamiert werden muss. Unerwünschte Anreizwirkungen traten dagegen nach dem damalig vorgeschlagenen Modell eher in den Hintergrund, sowohl unerwünschte Anreizwirkungen .bezüglich der Art und Menge der Verordnungen als auch im Hinblick auf die Qualität, da typischerweise Arzneimittelwirkstoffe aufgeführt waren, die zumeist zutreffend den evidenzbasierten medizinischen Kenntnisstand in der Pharmakotherapie widerspiegelten. Obsolete Arzneimittelwirkstoffe waren typischerweise in diesen Auflistungen nicht genannt.

Die Expertise stützte sich vor allem auf die Beiträge von Reschke und Sehlen (2005) sowie auf das Gutachten zur Auswahl geeigneter Klassifikationsmodelle (Reschke et al. 2004). An dieser Stelle soll noch einmal in knapper Form die Funktion des Modells aus Sicht des Verfassers dieser Expertise dargestellt werden.

Der Morbi-RSA dient der Berücksichtigung der Morbidität der Versicherten bei der Berechnung des Risikostrukturausgleichs für die gesetzlichen Krankenkassen (GKV). Es wurde, gestützt auf ein umfangreiches Gutachten, entschieden, dass sich die Morbiditätsklassifizierung auf das Verfahren RxGroups plus IPHCC (Inpatient Hierarchical Condition Categories) stützen soll, weil damit für das deutsche System die beste prospektive Schätzung aufgrund verschiedener Risikomarker erreicht werden kann. Als Risikomarker dienen sowohl Arzneimittelverordnungen als auch Diagnosen, die anlässlich stationärer Aufenthalte gestellt wurden und von den Krankenkassen routinemäßig aufgezeichnet werden.

Für die Berechnung der Zuschläge entsprechend dem Morbi-RSA werden jedem Versicherten auf der Basis seiner Verordnungen und – sofern vorhanden – Krankenhausdiagnosen Risikomerkmale zugewiesen. Die Verordnung bestimmter Arzneimittel führt bspw. zur Zuweisung einer bestimmten RxGroup, der ein definierter Risikozuschlag zugeordnet wird. Dieser Zuschlag entspringt der prospektiven Schätzung aller Kosten (Arzneimittel, ambulante Behandlung, stationäre Behandlung, Sachkosten etc.), die im Durchschnitt bei allen Versicherten zu erwarten sind, die der gleichen RxGroup zugeordnet wurden.

Das Klassifikationssystem ist eine kostenorientierte, keine klinische Klassifikation. D. h., die Schätzung lässt nur Rückschlüsse auf die zu erwartenden Kosten zu, nicht aber auf die weitere klinische Entwicklung einer bestimmten Erkrankung eines Versicherten. Die Zuschläge, die berechnet werden, beziehen sich weniger auf reale Kosten, sondern die zu verteilenden Ressourcen werden entsprechend der durch die Risikoklassen definierten Anteile in Form von Zuschlägen vergeben. D. h., die jetzt in der Modellrechnung ermittelten Zuschläge können sich entsprechend der tatsächlich zu verteilenden Ressourcen erhöhen oder vermindern.

Wird die Klassifikation regelmäßig auf Basis jeweils aktueller Daten durchgeführt, dann ist zu erwarten, dass ein „evolutionäres System" entsteht. D. h., alle evtl. Strategien, welcher Art auch immer, durch Einflussnahme auf Verordnungen mehr Versicherte mit „teuren" Risikomerkmalen zu versehen, werden bei künftiger Anwendung des Morbi-RSA berücksichtigt. Um ein krasses Beispiel zu nennen: Die Verordnung eines Thrombozytenaggregationshemmers wie Acetylsalicylsäure (z.B. Asprin oder Acetylsalicylsäure-haltige Generika) an einen eigentlich gesunden Versicherten führt zunächst dazu, dass für diesen Versicherten der Zuschlag von (entsprechend des derzeitigen Modells) 465,49 € (RxGroup 25) gezahlt wird, in der Erwartung, dass dieser Versicherte im Folgejahr diese Kosten verursachen wird, die aufgrund der Verordnung des Thrombozytenaggregationshemmers angenommen werden können. Tatsächlich wird der gesunde Versicherte im Folgejahr erheblich weniger Kosten verursachen und mit diesen geringen Kosten in die erneute Klassifikation im Folgejahr eingehen, so dass die durchschnittlichen Kosten prospektiv für die RxGroup 25 geringer ausfallen werden und damit auch der Zuschlag niedriger ausgewiesen wird. Kassen wären demnach schlecht beraten, einen evtl. kurzfristigen finanziellen Ausgleichserfolg manipulativ anzustreben, weil im Folgejahr die Ausgleichsbeträge aufgrund der ausbleibenden realen Behandlungskosten deutlich abgesenkt würden.

Bezüglich der Auslösung von Zuweisungen aus dem weiterentwickelten RSA können Mindestverordnungsmengen vorgesehen werden, unterhalb derer Arzneimittelverordnungen nicht im RSA berücksichtigt werden. Bei dieser Lösungsmöglichkeit sind aber insbesondere die unerwünschten Anreize im Hinblick auf eine zu lange Arzneimittelbehandlung zu berücksichtigen. Dennoch erscheint die Definition von Mindestmengen möglicherweise bei chronischen Erkrankungen sinnvoll, wenn eine Dauermedikation notwendig erscheint wie z.B. zur Behandlung von Menschen mit Diabetes mellitus. Es sollte aber bedacht werden, dass durch die Einführung von Mindestverordnungsmengen bestimmte Risiken nicht mehr erfasst werden können. So kann z.B. die kurzfristige Verordnung eines Diuretikums wegen einer dekompensierten Herzinsuffizienz ein sehr hohes prognostisches Kostenrisiko anzeigen, während die regelmäßige Verordnung von Diuretika eher als charakteristisch für einen gut eingestellten Patienten mit essentieller Hypertonie angesehen werden kann, der in der nahen Zukunft ein vergleichsweise geringes Kostenrisiko aufweist. Daher wird eine systematische Prüfung notwendig sein, für welche RxGroups bzw. ATC-Kodes die Definition von Mindestverordnungsmengen möglich und sinnvoll ist, damit auch bestimmte akute Arzneimitteltherapien (Behandlung von Krisenhaften Zuständen (Ödeme, Hochdruckkrise) in einem prospektiven Zuweisungssystem wirksam werden. In der Expertise wurde übrigens schon 2005 vorgeschlagen, für diese finanziell folgenreichen Festlegungen die Expertise von erfahrenen Klinikern hinzuzuziehen.

Prinzipiell sind dem Detailliertheitsgrad, also der Anzahl notwendiger Verordnungen, die zur Berücksichtigung eines Arzneimittels für die Kostenschätzung notwendig sind, nur wenig Grenzen gesetzt. Es sollte daher sorgfältig abgewogen werden, in wieweit die Einführung von Mindestverordnungsmengen sinnvoll ist. Hierbei ist der notwendige Aufwand (Erarbeitung entsprechender Algorithmen) dem möglichen Nutzen (Prognoseverbesserung der Schätzung des Kostenrisikos) gegenüber zu stellen.

Insgesamt hat Expertise aber gezeigt, dass ein großer Bereich der Arzneimittelversorgung als kompatibel mit dem vorgeschlagenen „RxGroup"-Instrument klassifiziert werden kann. Es gibt dennoch „Nachstellbedarf", der durch den Unterschied des Modell-Bezugsmarktes USA zu erklären ist: Viele bei uns verordnete Arzneimittel sind dort nicht verfügbar oder werden anders eingesetzt. Hier muss nachgearbeitet werden (so sind Präparate mit herzwirksamen Digitalisglykosiden nicht üblich zur Behandlung einer Herzinsuffizienz, vielmehr werden hier Diuretika oder ACE-Hemmer eingesetzt).

Alles in allem gibt es jedoch keine Veranlassung, wegen dieses Anpassungsbedarfs dem Modell „RxGroups" die Eignung innerhalb des RSA abzusprechen – es muss allerdings eine begleitende Infrastruktur geben (,Task-Force'), die kurzfristig den aktuell anfallenden Anpassungsbedarf ebenso bearbeitet wie auffällige Anreizwirkungen, die mit diesem Modell in Verbindung gebracht werden. Im Zusammenhang mit der Weiterentwicklung wurde dieser Anregung insofern Rechnung getragen, als ein Wissenschaftlicher Beirat zur Unterstützung des Bundesversicherungsamtes (BVA) im Mai 2007 berufen wurde, der allerdings wegen entstandener wissenschaftlicher Divergenzen mit dem BVA im März 2008 geschlossen zurücktrat (Glaeske 2008, 2009) Schon in der Expertise wurde dringend eine sorgfältige Begleitforschung der Implementierung dieses weiterentwickelten RSA angemahnt, die leider nicht gesetzlich verankert wurde.

Wenn auch Arzneimittel bis zu einem gewissen Grad die Morbidität nach Schwere und Chronizität widerspiegeln können, so wird dieser Weg als einziger Indikator für die ambulante auszugleichende Morbidität doch oftmals zu leichtfertig empfohlen und auch in weiteren Gutachten bekräftigt (z.B. Stock et al. 2005 zum Bereich Asthma) Gerade Arzneimittel, die in breiten Indikationsbereichen eingesetzt werden, weisen keineswegs genau genug auf eine bestimmte Erkrankung oder die Schwere dieser Erkrankung hin – Beta-Rezeptorenblocker werden bei Bluthochdruck, bei Koronarer Herzkrankheit (KHK) und bei Herzinsuffizienz sowie als Mittel zur Prophylaxe von Migräneattacken eingesetzt und selbst so spezifisch erscheinender Mittel wie Asthmapräparate weisen keineswegs eindeutig auf das Vorliegen von Asthma hin (Windt et al. 2008 bzw. Pont et al. 2002 als Kritik von Stock et al. 2005).

Kostenorientierung im Vordergrund

Statt der bisher relativ „groben" RSA-Zuweisungen, vor allem nach Alter, Geschlecht und Erwerbsunfähigkeitsstatus sollte es nun also Zuschläge entsprechend der Morbidität eines jeden Versicherten auf der Basis seiner Verordnungen und – sofern vorhanden – der Krankenhausdiagnosen geben. (Reschke et. al., 2004; Reschke & Sehlen, 2005). Das Klassifikationssystem ist demnach eine rein **kostenorientierte**, keine klinische Klassifikation, die Schätzung lässt daher nur Rückschlüsse auf die zu erwartenden Kosten zu, nicht aber auf die weitere klinische Entwicklung einer bestimmten Erkrankung eines Versicherten. Die Zuschläge, die berechnet werden, beziehen sich weniger auf reale Kosten, sondern die zu verteilenden Ressourcen werden entsprechend der durch die Risikoklassen definierten Anteile in Form von Zuschlägen vergeben. Wird die Klassifikation regelmäßig auf Basis jeweils aktueller Daten durchgeführt, dann ist zu erwarten, dass ein „evolutionäres System" entsteht. Alle evtl. Strategien, welcher Art auch immer, durch Einflussnahme auf Verordnungen mehr Versicherte mit „teuren" Risikomerkmalen zu versehen, werden bei künftiger Anwendung des Morbi-RSA berücksichtigt. Um ein krasses Beispiel zu nennen: Die Verordnung eines Thrombozytenaggregationshemmers wie Acetylsalicylsäure (z.B. Asprin oder Acetylsalicylsäure-haltige Generika) an einen eigentlich gesunden Versicherten führt zunächst dazu, dass – nach dem Gutachtensstand des Jahres 2004 - für diesen Versicherten ein Zuschlag von 465,49 € (RxGroup 25) gezahlt wird, in der Erwartung, dass dieser Versicherte im Folgejahr diese Kosten verursachen wird, die aufgrund der Verordnung des Thrombozytenaggregationshemmers angenommen werden können. Tatsächlich wird der gesunde Versicherte im Folgejahr erheblich weniger Kosten verursachen und mit diesen geringen Kosten in die erneute Klassifikation im Folgejahr eingehen, so dass die durchschnittlichen Kosten prospektiv für die RxGroup 25 geringer ausfallen werden und damit auch der Zuschlag niedriger ausgewiesen wird. Kassen wären demnach schlecht beraten, einen evtl. kurzfristigen finanziellen Ausgleichserfolg manipulativ anzustreben, weil im Folgejahr die Ausgleichsbeträge aufgrund der ausbleibenden realen Behandlungskosten deutlich abgesenkt würden (Glaeske 2005).

Dennoch: Der alleinige Indikator „Arzneimittel" bringt auch Probleme mit sich: Die Ausgaben für Arzneimittel schwanken beträchtlich zwischen den Regionen – nach Daten der Gmünder ErsatzKasse aktuell für das Jahr 2008 alterstandardisiert zwischen 36.600 (im KV-Bereich Berlin) und 28.200 Euro (im KV-Bereich Hessen), so jedenfalls eigene Studienergebnisse (Glaeske et al. 2009). Ob dies bei allen bekannten Phänomenen von Unter-, Über- und Fehlversorgung mit der wahren Prävalenz von Krankheiten und der Risikobelastung einzelner Kassen zusammengebracht werden kann, ist durchaus fraglich! Und wenn die Arzneimittelkosten ausgeglichen werden, kann da nicht relativ rasch die Forderung nach mehr Effizienz in der Arzneimitteltherapie in Vergessenheit geraten? Viel stärker geht aber wegen der höheren Kosten die Krankenhausbehandlung in die Morbi-RSA-Berechnung ein. Ist es da falsch, zu vermuten, dass insbesondere regional starke Kassen ihren vertraglichen Einfluss dahingehend nutzen werden, viele mögliche ambulante Behandlungen in den teureren stationären Bereich zu verlagern? Die immer wieder aufgestellte richtige Forderung: „So viel ambulant wie möglich und soviel stationär wie nötig" könnte dadurch einen empfindlichen Dämpfer bekommen – dabei sind wir gerade dabei, mit selektiven Verträgen und der Förderung der integrierten Versorgung diesem Ziel etwas näher zu kommen.

Der im Gutachten vorgeschlagene Morbi-RSA nutzt vor allem regionalen Kassen mit einer traditionell hohen Krankenhausbelastung – die Ausgaben und Diagnosen in der ambulanten ärztlichen Versorgung bleiben, sieht man einmal von den Arzneimitteln ab, seltsam unerwähnt und werden gar nicht erst berücksichtigt, obwohl entsprechenden Daten im Bereich der kassenärztlichen Vereinigungen durchaus verfügbar wären Es bleiben daher erhebliche Zweifel, ob dieser Morbi-RSA die notwendige Differenzierung der Belastung der einzelnen Kassen durch unterschiedliche Krankheitsrisiken bietet oder ob nicht falsche Anreize zu unerwünschten Wirkungen führen werden. Waren die Gutachter während ihrer Berechnungen lost in calculation – oder frei übersetzt auf dem Holzweg, als sie Ihre Vorschläge formulierten?

Trotz aller Einwände: Die Begründungen für den morbiditätsorientierten RSA (Morbi-RSA) waren demnach klar und auch insgesamt zutreffend:

- Die zentrale Aufgabe des Morbi-RSA ist die solidarische Verteilung der Risikobelastung innerhalb der GKV
- Der RSA soll die Erlangung von Beitragssatz- und Wettbewerbsvorteilen durch die Selektion günstiger Versichertenrisiken ausschließen
- Der Beitragssatz soll Ausdruck der Wirtschaftlichkeit einer Kasse und nicht der Auswahl risikogünstiger Versichertengruppen sein
- Der RSA in seiner bisherigen Form gleicht die kassenspezifische Risikobelastung nicht hinreichend aus.

Im bis 2008 gültigen RSA wurden nach Alter und Geschlecht entsprechende der durchschnittlichen Ausgabenprofilen bestimmte Summen „umverteilt", zum Beispiel für eine 62jährige Frau 1.757 Euro. Die Kassen bekamen dann mehr für einen Versicherten, wenn er als Patienten in ein Disease Management Programm eingeschrieben war, zum Beispiel für eine insulinpflichtige Diabetikern statt des allein am Alter und Geschlecht orientierten Ausgleich von 1.757 Euro nun 2.599 Euro. Wenn ein Patient allerdings an einer teuren Krankheit wie Multiple Sklerose (MS) litt, die nicht im Rahmen eines strukturierten Behandlungsprogramms behandelt wurde, gab es keine zusätzlichen finanziellen Ausgleiche. Im System des Morbi-RSA wird sich dies insofern ändern, als bei allen in den Morbi-RSA aufgenommenen Krankheiten neben der üblichen RSA-Zuweisung nach Alter, Geschlecht usw. eine Zuweisung aus dem Fonds bezahlt wird, die sich an den durchschnittlichen Leistungsausgaben orientieren soll.

Das Gutachten des BVA-Beirates

Die gesundheitspolitischen Diskussionen waren seit der Vorlage des Gutachtens im Jahre 2004 weitergegangen. In der Zwischenzeit war der Morbi-RSA mit dem Inkrafttreten des Gesundheitsfonds verknüpft worden, der als Kompromiss zwischen Bürgerversicherung und Gesundheitsprämie (Kopfpauschale) als neues Finanzierungsmodell der GKV beschlossen worden war. Am 1.1.2009 wird dieser Fonds in Krafttreten, aus den finanziellen Mitteln des Fonds soll es sowohl zu Zuweisungen nach dem Morbi-RSA wie nach den alten RSA-Kriterien kommen. Dieser Beschluss im GKV-Wettbewerbsstärkungsgesetz (GKV-WSG), das am 1. April 2007 in Kraft trat, war verbunden mit der Einrichtung eines wissenschaftlichen Beirates, der das Bundesversicherungsamt (BVA), das verantwortlich ist für den RSA und seine Weiterentwicklung, in der Erstellung der Grundzüge des Morbi-RSA beraten sollte. Dieser Beirat wurde im Mai 2007 berufen und hatte den gesetzlich verankerten Auftrag, im Rahmen eines Gutachtens das Prozedere für die Entwicklung eines Klassifikationssystem für 50-80 Krankheiten zu bestimmen. Diese Liste von 50–80 Krankheiten sollte letztlich der „erste Aufschlag" für dieses neue „Umverteilungsmodell" im Rahmen eines zielgerichteten RSA sein, mit dem die Morbiditätslast der einzelnen Krankenkassen unter Kostenaspekten bestimmt und ausgeglichen werden kann.

Den Mitgliedern des wissenschaftlichen Beirates waren die bisherigen wohl Diskussionen bekannt, auch die Konsequenzen für die Kassen, die mit dem Morbi-RSA verbunden waren, als es darum ging, die gesetzlichen Vorgaben zu proceduralisieren. Die zu auszuwählenden Krankheiten sollten nämlich eng abgrenzbar und schwerwiegend sein, chronisch auftreten und das 1,5 fache der Krankheitskostendurchschnitts aller Versicherten überschreiten. Für die Bestimmung dieser Kriterien stand eine ca. 7%ige Versichertenstichprobe bereit, mit der datengestützt ein Konzept und eine Krankheitsliste erstellt werden konnte (ca. 4,2 Mio. Versicherte, die während de Jahre 2006 und 2006 durchgängig versichert waren) (Schäfer 2007). Wie schon oben an Hand eines Arzneimittelbeispiels erwähnt ist das Zuweisungsverfahren prospektiv ausgerichtet – der Ausgleich erfolgt also erst im Jahr nach der ersten Berücksichtigungsfähigkeit der Krankheit. Dabei wählte der Beirat übrigens im Unterschied zu den Empfehlungen des 2004er Gutachtens in einem ersten Schritt nicht die Arzneimittelverordnungen als Basis für die ambulante Morbidität, sondern die ambulanten Diagnosen, die als „belastbare" Basis für die Beschreibung der ambulanten Morbidität in verschiedenen Publikationen dargestellt worden waren (BIPS 2007; Giespiepen et al. 2007, Trautner et al. 2005), die Arzneimittelwirkstoffe sollten zu einem späteren Zeitpunkt zur Validierung bestimmter Diagnosen herangezogen werden.

Wie bedeutsam die gesamte Festlegung der Krankheiten für manche Kassen war, ließ ein Schreiben erahnen, das am 18. September 2007 an den wissenschaftlichen Beirat und nachrichtlich an die Bundesministerin für Gesundheit und den Präsidenten des Bundesversicherungsamtes (BVA) gerichtet war. Dort hieß es: „Mit dem Gesundheitsfonds wird bei den Krankenkassen ab 2009 ein Zusatzbeitrag eingeführt, der zu mehr Preistransparenz im Wettbewerb führt und die Wirtschaftlichkeit einer Kasse abbilden soll. (…) Ganz entscheidenden Einfluss auf die Höhe der von den Kassen zu erhebenden Zusatzbeiträge oder zu leistenden Prämienausschüttungen haben die Kriterien der risikoadjustierten Fondszuweisungen. Damit gewinnt Ihr bis zum 31. Oktober vorzulegendes Gutachten für den künftigen Kassenwettbewerb fundamentale Bedeutung – setzen Sie damit doch die maßgeblichen Anreizstrukturen zu Gunsten von mehr Wirtschaftlichkeit und Versorgungsqualität. Vor diesem Hintergrund sehen wir als Vertreter der größten Versorgerkassen, in denen überdurchschnittlich viele chronisch und schwerkranke Menschen versichert sind, in der fristgerechten Umsetzung des morbiditätsorientierten Risikostrukturausgleichs eine zwingende Vorbedingung für die Funktionsfähigkeit des Gesundheitsfonds ab 2009." (AOK BV; Barmer Ersatzkasse, DAK und Kaufmännische Krankenkasse).

Prävention gestrichen, Volkskrankheiten aufgenommen

Diese Diskussionen sind beinahe schon Geschichte, die Stellungnahmen der Kassenverbände zu dem im Dezember 2007 vorgelegten Gutachten des Beirates (Busse et al. 2007) und die Anpassungswünsche des BVA haben in der Zwischenzeit viele der vom Beirat begründet vorgetragenen Ergebnisse verändert oder erweitert: Präventive Aspekte wurden gestrichen, die Krankheitsliste, die im Beiratsgutachten noch 23% der Versicherten und prospektive Kosten von 60% abdeckte, wurde nun durch den Einbezug aller DMP- und vieler Volkskrankheiten so verändert, dass nun 40% der Versicherten und 54% der prospektiven Kosten vom Modell getragen werden (ähnlich auch Wasem 2008). Die

Konflikte über diese Veränderungen haben übrigens dazu geführt, dass der Beirat am 25. März 2008 geschlossen zurücktrat – ein neuer Beirat wurde im April 2009 berufen. Das neue Morbi-RSA-Modell legt nun Wert darauf, die Versorgungslast eigentlich kostengünstiger Erkrankungen, die nun keineswegs das 1,5fache der Durchschnittskosten für alle Versicherten überschreiten, deshalb aufzunehmen, weil die Addition der Kosten bei den häufig auftretenden Fällen zu einer hohen finanziellen Versorgungslast für eine Kasse werden kann, ein Aspekt, der ausschließlich in der Begründung zur Risikostrukturausgleichsverordnung (RSAV) genannt war, nicht aber im Gesetzestext. Die verstärkte Berücksichtigung dieses Aspektes hatte vor allem die AOK eingefordert, die sich möglicherweise über breite Krankheitsdefinitionen hohe Zuweisungen aus dem morbiditätsbezogenen Anteil des Gesundheitsfonds die weitere Finanzierung von extrabudgetären Leistungen an die Vertragsärztinnen und –ärzte im Sinne eines Wettbewerbsvorteils gegenüber anderen Kassen verspricht. Die Kostenvarianz ist gerade bei „breiten" Volkskrankheiten besonders groß, die meisten Fälle sind leichter Art, die schweren sind eher seltener, treiben aber die Durchschnittskosten in die Höhe (Rechtsverschiebung der Verteilung), so dass Zuweisungen als Durchschnittswerte erhebliche finanzielle „Luft" für Kassen versprechen, die eine hohe Prävalenz bei solchen Krankheiten aufweisen. (siehe auch Tabelle 1: Eigendarstellung der AOK). Wie alle chronischen Krankheiten sind auch sind Volkskrankheiten im Klassifikationsmodell dadurch bestimmt, dass die Diagnose zweimal im Jahr gestellt sein muss und dass mindestens 183 DDDs (definierte Tagesdosierungen) einschlägiger Arzneimittel verordnet wurden – das weiter oben schon in der 2005er Expertise empfohlene Verordnungsmengenkonzept wurde damit in den Morbi-RSA aufgenommen.

Das Verteilungsmuster der Tabelle 1 zeigt das Problem der Klassifikation überdeutlich: Plötzlich wird die Differenzierung des Schweregrads von besonderer Bedeutung. Wären nur die schwerwiegenden chronischen Krankheiten erfasst worden, wie vom Beirat vorgeschlagen, wäre diese Situation gar nicht entstanden. Nun sind die breiten Volkskrankheiten jedoch wichtig geworden zur addierfähigen Finanzierungsressource für Kassen mit einer hohen Prävalenz dieser Erkrankungen – insbesondere die leichten und beim Asthma die mittelschwere bilden den Hauptanteil der Kranken und damit ein hohes zuweisungsfähiges Potenzial mit „positivem Deckungsbeitrag".

Asthma	Behandlung	BVA-Modell	IPHCC + RxGroups
Leichte Form	– inhal. Steroid	**872 €**	175 €
Mittelschwere Form	– inhal. Steroid		175 €
	– ß- Sympathomimetikum		*318 €*
	Summe	**872 €**	493 €
Schwere Form	– inhal. Steroid		175 €
	– ß-Sympathomimetikum		318 €
	– Methylxanthine		*778 €*
	Summe	**872 €**	**1.271 €**
COPD			
Leichte Form	– Rauchverzicht	872 €	0 €
Mittelschwere Form	– ß-Sympathomimetikum		318 €
	– inhal. Anticholinergika		*820 €*
	Summe	**872 €**	**1.138 €**
Schwere Form	– ß-Sympathomimetikum		318 €
	– inhal. Anticholinergika		820 €
	– inhal. Steroid		175 €
	– Methylxanthine		778 €
	– Krankenhausbehandlung		*862 €*
	Summe	**872 €**	**2.953 €**

Tabelle 1: Eigenberechnung der AOK für die Zuweisung bei Asthma und COPD (Vergleich der Werte nach dem BVA-Modell und dem von den Gutachtern 2004 vorgeschlagenen Klassifikationsmodell (Schneider 2008)

Und welche Rolle spielen nun die Arzneimittel im Morbi-RSA?

Im Morbi-RSA werden zunächst ausschließlich die Diagnosen berücksichtigt, die den ausgewählten 80 Krankheiten zugeordnet sind (sog. DxG). Die Diagnosen müssen typischerweise z.b. bei chronischen Erkrankungen 2 Mal pro Jahr in unterschiedlichen Quartalen in den Patientendaten aufscheinen (M2Q-Kriterium). Zu diesem Diagnosekriterium müssen bei bestimmten Erkrankungen kurzfristig oder langfristig Arzneimittel verordnet werden, deren Mengen nach dem DDD-Konzept berechnet werden und die insgesamt nach dem ATC-Code geordnet sind. Hierzu sind folgende Erläuterungen zu geben:

Es ist im Bereich der Arzneimittelepidemiologie international üblich und hat sich als Standard herauskristallisiert, den Arzneimittelmarkt nach dem anatomisch-therapeutisch-chemischen (ATC) Code zu ordnen und zu Klassifizieren und die jeweiligen Verordnungsmengen der jeweiligen Mittel nach festgelegten Tagesdosierungsgrößen zu berechnen (englisch abgekürzt DDD – **D**efined **D**aily **D**ose).

- **ATC-Code:** Beim „anatomical therapeutic chemical code" (ATC-Code) handelt es sich um ein international verwendetes Klassifikationssystem für Arzneimittel, bei denen die jeweiligen Wirkstoffe entsprechend dem Organ oder Organsystem, auf das sie einwirken, sowie nach ihren chemischen, pharmakologischen und therapeutischen Eigenschaften in verschiedene Gruppen aufgeteilt werden (WHO, 2004).
- **DDD:** International wird zur Angabe des Verbrauchs eines Wirkstoffes das System der „defined daily dose" oder abgekürzt DDD verwendet. Für jeden Wirkstoff wird dazu von der WHO eine Dosierung festgelegt, die für dessen Hauptindikation der mittleren täglichen Erhaltungsdosis für Erwachsene entspricht (Fricke & Günther, 2001). Eine Übersetzung und Anpassung an den deutschen Markt wird jährlich vom Wissenschaftlichen Institut der AOK (WIdO) erstellt und wurde 2004 vom damaligen Bundesministerium für Gesundheit und Soziale Sicherung als amtlich erklärt (Fricke et al., 2005). Diese jährlich aktualisierte Liste ist unter http://www.dimdi.de/static/de/klassi/atcddd/ verfügbar, aufgrund der Aktualität wurden für die Berechnungen die DDD-Angaben des GVK-Arzneimittelindexes des WIdO verwendet.

Die DDD eines Arzneimittels stellt die mittlere tägliche Erhaltungsdosis für die Hauptindikation bei einem Erwachsenen mit einem Gewicht von 70 kg dar. Es handelt sich um eine rein rechnerische Größe, die nicht notwendigerweise die empfohlene Dosierung oder die tatsächlich angewendeten Dosierungen (PDD – Prescribed Daily Dose) eines Arzneimittels wiedergibt. Einige Wirkstoffe besitzen z.B. bei unterschiedlichen Indikationsgebieten auch unterschiedliche ATC-Codierungen. Der ATC-Code enthält bis zu 7 Stellen, um den Wirkstoff eindeutig beschreiben zu können.

In den Festlegungen zum Morbi-RSA vom 03. Juli 2008 (aus diesen Unterlagen sind alle folgenden Daten entnommen) wurden daher zunächst die Diagnosen genannt, die durch eine Arzneimittelverordnung validiert werden sollen, daneben wurde angegeben, welchem ATC-Code diese verordneten Arzneimittel zugehörig sein sollen und welche Mengen dieser Arzneimittel mindestens verordnet werden müssen, damit es zu einer Zuweisung aus dem Fonds kommen kann.

Ein Beispiel:

Krankheit 29: Osteoporose und Folgeerkrankungen

DxG	Bezeichnung	Stationär erforderlich	Ambulante Arzneimittel*	Verlauf**	DDD
201	Osteoporose	Nein	Ja***	Chronisch	183
569	Erkrankungen der Menopause und Postmenopause	Nein	Ja***	Chronisch	183
643	Pathologische Hüftfraktur	Ja	---	---	---
645	Femurfraktur	Ja	---	---	---
647	Pathologische Fraktur des Humerus	Nein	Nein	---	---
648	Pathologische Fraktor der Tibia oder Fibula	Nein	Nein	---	---
656	Nicht näher bezeichnete pathologische Frakturen	Nein	Nein	---	---
657	Pathologische Frakturen des distalen Radius und der Ulna	Nein	Nein	---	---

* Angabe "Ambulante Arzneimittel" nur falls "Stationär erforderlich" = "Nein" und Alter ≥ 12 Jahre
** Angabe "Verlauf" nur erforderlich falls "Ambulante Arzneimittel" ="Ja"
*** Eingrenzung „Klinische Relevanz"

Für die Zuweisung bei Osteoporose sind mehrere DxGs (also Diagnosegruppen) der Krankheit Osteoporose zugeordnet. Bei der DxG 201 „Osteoporose" muss 2 mal die ambulante Diagnose gestellt werden (M2Q-Kriterium), diese Diagnose muss aber, so die ausgewiesene Anforderung in den Festlegungen des Bundesversicherungsamtes (BVA) durch die Dokumentation von mindestens 183 DDD eines Mittels aus einer bestimmten Wirkstoffgruppe nach dem hierfür maßgeblichen ATC-Code validiert werden. Die Angabe der Diagnosen alleine reichen nicht für die krankheitsbezogene Zuweisung in Höhe von 73,44 Euro pro Monat, es muss auch die Arzneimittelmenge aus der oben gezeigten Festlegung verordnet worden sein, um die Zuweisung auszulösen. Welche Mittel kommen da nach den Festlegungen in Frage (ein Ausschnitt als Beispiel):

G03FA01	Norethisteron und Estrogen
G03FA02	Hydroxyprogesteron und Estrogen
G03FA04	Progesteron und Estrogen
G03FA11	Levonorgestrel und Estrogen
G03FA12	Medroxyprogesteron und Estrogen
G03FA14	Dydrogesteron und Estrogen
G03FA15	Dienogest und Estrogen
G03FA17	Drospirenon und Estrogen
G03FA20	Chlormadinon und Estrogen
G03FB01	Norgestrel und Estrogen
G03FB02	Lynestrenol und Estrogen
G03FB05	Norethisteron und Estrogen
G03FB06	Medroxyprogesteron und Estrogen
G03FB07	Medrogeston und Estrogen
G03FB08	Dydrogesteron und Estrogen
G03FB09	Levonorgestrel und Estrogen

G03FB10	Desogestrel und Estrogen
G03XC01	Raloxifen
H05BA01	Calcitonin (Lachs, synthetisch)
H05BA02	Calcitonin (Schwein, natürlich)
H05BA03	Calcitonin (Mensch, synthetisch)
M05BA01	Etidronsäure
M05BA02	Clodronsäure
M05BA03	Pamidronsäure
M05BA04	Alendronsäure
M05BA05	Tiludronsäure
M05BA06	Ibandronsäure
M05BA07	Risedronsäure

Neben den sicherlich evidenzgesicherten Mitteln wie Bisphosphonaten (z.B. Etridronsäure, Clodronsäure, Pamidronsäure oder Alendronsäure, neben Calictoninhaltigen Mitteln oder Raloxifen) sind auch die Hormonkombinationen aus Gestagenen und Estrogenen zur Verordnung angeboten, die schon seit dem Jahre 2001 gar nicht mehr zur Behandlung einer Osteoporose eingesetzt werden sollten: Die erhöhten Risiken für Brustkrebs, Herzinfarkt, Schlaganfall oder Embolien stehen in keinem Verhältnis zu dem möglichen Nutzen bei der Osteoporosetherapie, da diese Mittel nur so lange einen Nutzen zeigen, wie sie auch eingesetzt werden. Eine Langzeitverordnung verbietet sich aber aufgrund der Risiken – die Mittel sind daher ungeeignet zur Behandlung einer Osteoporose. Dieses Beispiel zeigt daher, wie wenig die Strukturqualität der Mittel und deren Evidenz in dem jeweiligen Behandlungsbereich zum Auswahlkriterium der in Frage kommenden Arzneimitteln gemacht wurde. Es wurden vielmehr Klassifikationen von Arzneimittelwirkstoffen gemäß dem ATC-Code zusammengestellt, die in der Verordnungsrealität der GKV vorkommen – ob diese Verordnungscharakteristika sinnvoll sind oder nicht, wurde nicht hinterfragt. An dieser Stelle zeigt sich die besondere Irrationalität eines rein monetären Ausgleichs, der neben aller richtiger Versorgung auch Über-, Unter- und Fehlversorgung unkorrigiert mit einbezieht: Die Behandlungskosten fielen mit diesen Mitteln an, also müssen sie auch ausgeglichen werden. Sinnvoll wäre es ohne Zweifel gewesen, die Arzneimittelauswahl an der Evidenz zu orientieren und nur solche Mittel aufzunehmen, für die ein akzeptierter medizinischer Kenntnisstand im Hinblick auf eine bestimmte Diagnose vorliegt. Dann wären solche Hormonkombinationen gar nicht erst als Auslöser für eine Zuweisung aufgenommen worden, würden sie dennoch weiter in großem Umfang bei der Diagnose „Osteoporose" verordnet, wäre es die Aufgabe der jeweiligen Kasse gewesen, sich zugunsten einer „richtigen" Therapie mit den „richtigen" Arzneimitteln einzusetzen, damit die durchaus berechtigt erscheinende Zuweisung fließt.

Insgesamt gibt es unter den 290 DxGroups 66, bei denen eine bestimmte Arzneimittelverordnungsmenge zusätzlich zu den Diagnosen eine Zuweisung auslöst. Von den 66 Gruppen entfallen 54 auf chronische Erkrankungen wie Angina pectoris, Demenz, Diabetes mellitus, Herzinsuffizienz, Hypertonie oder Schizophrenie. In all diesen Gruppen sind aus pharmakotherapeutischer Sicht Arzneimittel genannt, die nicht mehr dem allgemein anerkannten Kenntnisstand in der medizinischen Versorgung entsprechen:

- Im Bereich Demenz u.a. Cinnarizin, Cyclandelat, Deanol, Nicergolin, Organextrakte, Präparate mit Kälberblutextrakt (!!), Meclofenoxat, Piracetam
- Im Bereich Hypertonie stehen u.a. Sildenafil neben Olivenblätter, Viscum album (Mistelkraut), Schachtelhalm, Wacholderbeeren und Birkenblättern
- Im Bereich Asthma sind u.a. DL-Ephedrin und die Mastzellstabilisatoren Cromoglicinsäure bzw. Nedocromil aufgeführt – letztere Wirkstoffe sind sicherlich bei Asthma längst nicht mehr Mittel der Wahl
- Bei allen Erkrankungen mit Nierenbeteiligung sind die Mittel Viscum album (Mistelkraut), Olivenblätter, Schachtelhalm, Birkenblätter oder Wacholderbeeren aufgeführt
- Bei bakteriellen Infektionen (z.B. DxG 618) sind nahezu alle pilzwirksamen Stoffe aufgelistet wie z.B. Nystatin, Nystatin mit Zinkoxid, Clotrimazol, Econazol, Miconazol, Selendisulfid, Tolnaftat oder Salicylsäure neben den typischen Antibiotika genannt

Weitere Beispiel, die jenseits aller pharmakotherapeutischen Empfehlungen stehen, könnten ohne Probleme hinzugefügt werden.

Es gibt ein weiteres Problem, das eine adäquate Arzneimitteltherapie auf Dauer erschweren könnte: Einige schwerwiegende Autoimmunerkrankungen wie z.B. die Rheumatoide Arthritis oder auch neurogenerative Erkrankungen wie Multiple Sklerose (MS) haben einen Zuweisungsbetrag erhalten (Rheumatoide Arthritis 1.560 Euro pro Jahr oder MS 7.280 Euro), die bei einer modernen und wirksamen Therapie nicht einmal die Kosten der Arzneimittel widerspiegeln, die bei vielen Patientinnen und Patienten eingesetzt werden sollten (TNF-alpha-Antagonisten kosten pro Jahr etwa 16 – 24.000 Euro, Interferone verursachen etwa die gleichen Ausgaben). Hier rächt sich der undifferenzierte Ansatz, nur die wirklich anfallenden Kosten auszugleichen, ohne Rücksicht darauf, ob in der jeweiligen Indikation oder Diagnose Unter- oder Fehlversorgung zu beklagen ist, z.B. mit nicht-steroidalen Antirheumatika bei Rheumatoider Arthritis oder mit Azathioprin-haltigen Mitteln bei MS, die hier nicht einmal eine Zulassung haben.

Eine Festlegung von Zuweisung ohne jeden qualitativen Aspekt oder eine Auflistung von Arzneimitteln ohne jede Berücksichtigung in Leitlinien oder

Therapieempfehlungen schwächt den gesamten Ansatz, der doch so viel Einfluss auf die medizinische Versorgung für die GKV-Versicherten hat, sowohl in der Diagnosestellen, der Diagnosehäufigkeit und der danach folgenden Arzneimitteltherapie. Beispiele für versuchte und auch umgesetzte Manipulationsversuche bei den Diagnosen sind seit Inkrafttreten von Fonds und Morbi-RSA bekannt geworden, in Bayer basieren die hohen Honorarzahlungen im Rahmen des Hausarztvertrages nach § 73b SGB V sogar auf dem Versprechen der Hausärzte, dem Vertragspartner AOK die finanziellen Belastungen aus dem Vertrag durch konsequentes Diagnostizieren bei den AOK- Patienten zu ermöglichen – solche adversen Anreize sollten laut Risikostrukturausgleichsverordnung (RSAV) vermieden werden. Man darf gespannt sein, wie sich die arzneimittelbezogene Versorgung entwickeln wird. Bei den Vorgaben sind qualitativere Verschlechterungen nicht auszuschließen – und wenn Zuweisungen nur dann fließen, wenn Patienten neben der Diagnose wie z.B. Hypertonie, die für die Ärztin oder den Arzt auch eine „Erinnerungsdiagnose" sein kann, nun auch mindestens 183 DDD eines in der jeweiligen ATC-Gruppe genannten Mittels – ob sinnvoll oder nicht – verordnet werden müssen, damit Zuweisungen aus dem Fonds zur Finanzierung des Vertrags fließen, dann wird nicht nur die Diagnosehäufigkeit, sondern auch die Verordnungsintensität u.U. unnötig ansteigen.

Die zugrunde liegende Strategie, Arzneimittel als Validierungsinstrument für die ambulanten Diagnosen ist ohne Zweifel richtig, Arzneimittel alleine sind eine allzu ungenaue Basis, um die ambulante Morbidität abzubilden, hier kann es allzu schnell zu Fehlinterpretationen kommen, wie Untersuchungen und Publikation längst eindrucksvoll belegt haben. Dies gilt insbesondere für die vor allem von der AOK gewünschten Erweiterungen der „breiten" Volkkrankheiten – rund 25 – 30% der Asthmamittel werden nicht im Zusammenhang mit der klaren Diagnose „Asthma" verordnet (Windt et al, 2008), bei Arzneimitteln aus dem Herz-Kreislauf-Bereich (alpha-Rezeptorenblocker, ß-Rezeptorenblocker, Kalziumantagonisten, ACE-Hemmer, Diuretika u.a.) sind klare Diagnose-Zuordnungen nicht mehr möglich. Es wäre dann allenfalls denkbar, für solche "breit aufgestellten" Arzneimittel gleiche Zuweisungen unabhängig von der jeweiligen Diagnose vorzusehen – dies würde aber einem Morbi-RSA in seiner Philosophie der differenzierten Zuweisungssystematik eher widersprechen. Damit soll nicht übersehen werden, dass einzelne Arzneimittel ohne Zweifel ausreichend genau die Krankheit bestimmen können: Faktor VIII-Präparate werden nur bei Hämophilie angewendet, das gleiche gilt für Enzympräparate z.B. bei Morbus Gaucher. Dennoch: Die Systematik: Diagnosen werden durch Arzneimittelverordnungen validiert, sollte daher aufrecht erhalten bleiben, es gibt aber erheblichen Anpassungs- und Aktualisierungsbedarf: Richtlinien zur Diagnosecodierung sind ebenso notwendig wie die Orientierung der Arzneimittelgruppen an dem evidenzbasierten Kenntnisstand. Und wenn Kritiker eines solchen Vorschlags immer wieder betonen, dass das Instrument des Morbi-RSA als Instrument des monetären Ausgleichs mit solchen qualitätsorientierten Interventionen überlastet wäre, dann unterschätzen sie in geradezu sträflicher Weise Anreizwirkungen finanzieller Zuweisungen, bei denen vor allem die Maximierung des Ausgleichsbetrag im Vordergrund steht, wenn nicht gleichzeitig qualitätssichernde Aspekte die Höhe der Zuweisungen beeinflusst.

Ausblick

Die derzeitigen Schätzungen gehen dahin, dass insgesamt etwa 25 Mrd. aus dem Topf auf der Basis des Morbi-RSA und RSA umverteilt werden – die reinen RSA-Zuweisungen nach Alter, Geschlecht und Grad der Erwerbsminderung sinken gegenüber den früheren Gutschriften, die morbiditätsgebundenen Zuweisungen werden ansteigen und möglicherweise mehr als die Hälfte der Fondszuweisungen ausmachen. Das aktuelle Klassifikationsmodell hat eine Vorhersagekraft (R2) von 19,7% bezüglich der Varianz der Kosten erreicht, die gesetzliche Vorgabe betrug 12% und wurde damit deutlich überschritten, die Vorhersagekraft im bisherigen RSA betrug lediglich 7%. Es wäre sicherlich gut gewesen, die Einführung von Fonds in Verbindung mit dem Morbi-RSA zeitlich „abzupuffern" und eine Erprobungszeit von zwei bis drei Jahren einzuplanen, um die Auswirkungen, die positiven und adversen Anreize dieses gänzlich neuen Zuweisungssystem kennen zu lernen. Diese Zeit wurde gesetzlich nicht eingeräumt – es ist nur zu hoffen, dass die GKV, das solidarisch aufgebaute Finanzierungssystem und die Versorgungsqualität der Versicherten keinen Schaden erleiden – der Anpassungsbedarf ist in allen Bereichen des Morbi-RSA unübersehbar. Da macht der Arzneimittelbereich keine Ausnahme. Das System ist aber als dynamisches und lernendes System angelegt: Es sollte daher auch gelernt werden, dass ein monetäres Umverteilungssystem mit derart erheblichen finanziellen Konsequenzen nicht ohne Qualitätssicherungsinstrumente implementiert werden sollte. Die gilt auch für die Arzneimitteltherapie, für die bezüglich der Auslösung von Zuweisung ein weit differenzierterer Rahmen vorgegeben werden sollte, als dies im „ersten Aufschlag" geschehen ist. Schließlich sollten Zuweisungen nicht auf obsoleten und beliebigen Verordnungen aufbauen, die zwar zu realen Ausgaben für die jeweiligen Kassen führen, die aber letztlich nicht von einer Verantwortlichkeit der Kassen für eine qualitativ hochwertige Versorgung ihrer Versicherten zeugt. Unter-, Über- und Fehlversorgung sollte nicht auch noch durch Zuweisungen abgesichert und belohnt werden.

Literatur

BIPS (2007): Auszug aus dem Gutachten des Bremer Instituts für Präventionsforschung und Sozialmedizin zur Qualität der Datengrundlagen für morbiditätsorientierte Regelleistungsvolumen in der vertragsärztlichen Versorgung gemäß §§ 85a und 85b SGB V. URL: http://www.kbv.de/themen/10760.html (Abruf: 24.05.2008).

Busse R, Drösler S, Glaeske G, Greiner W, Schäfer T, Schrappe M (2007) Wissenschaftliches Gutachten für die Auswahl von 50 – 80 Krankheiten zur Berücksichtigung im morbiditätsorientierten Risikostrukturausgleich. Bonn. www.bva.de/Risikostrukturausgleich/Weiterentwicklung (Abruf am 24.05.2008).

Giersiepen K, Pohlabeln H, Egidi G, Pigeot I (2007): Die ICD-Kodierqualität für Diagnosen in der ambulanten Versorgung. In: Bundesgesundheitsblatt - Gesundheitsforschung - Gesundheitsschutz, 50 (8): 1028-1038.

Glaeske G (2005) Anpassung des Klassifikationsmodells RxGroups an die Voraussetzungen in der GKV. Gutachterliche Expertise. Köln.

Glaeske G (2008) Der morbiditätsorientierte Risikostrukturausgleich ab 2009. Mehr Rationalität im Ausgleich der Kassen untereinander? In: Repschläger U (Hrsg.) Barmer - Gesundheitswesen aktuell, Düsseldorf: 34-56.

Glaeske G (2009) Vom RSA zum Morbis-RSA - Mehr Rationalität im GKV-Finanzausgleich? In: Göppfath D, Greß S, Jacobs K, Wasem J (Hrsg.) Jahrbuch Risikostrukturtausgleich 2008. St. Augustin: 7-40.

Glaeske G, Jahnsen K, Schicktanz C (2009). GEK-Arzneimittel-Report 2009. Im Druck.

Häussler B, Glaeske G, Gothe H (2001a) Unbeantwortete Fragen zum Disease-Management. Arbeit und Sozialpolitik 55 (9/10): 35-37.

Häussler B, Glaeske G, Gothe H (2001b) Disease-Management in der GKV – Konzept für die Durchführung. Arbeit und Sozialpolitik 55 (9/10): 30-34.

Pont LG, vd Werf GT, Denig P, Haaijer-Ruskamp FM (2002) Identifying general practice patients diagnosed with asthma and their exacerbation episodes from prescribing data. Eur J Clin Pharmacol 57 (11): 819-825.

Reschke P, Sehlen S, Schiffhorst G (2004) Klassifikationsmodelle für Versicherte im Risikostrukturausgleich. Endbericht.

Reschke P, Sehlen S (2005) Methoden der Morbiditätsadjustierung. Gesundheits- und Sozialpolitik: 10-19.

Schäfer T (2007): Stichprobenkonzept für Datenerhebungen nach § 30 RSAV. Gutachten im Auftrag des Bundesversicherungsamtes. URL: http://www.bundesverischerungsamt.de (Abruf: 24.05. 2008).

Schneider W (2008) Der Morbi-RSA auf neuer Basis – Funktionaler Wettbewerb um gute Versorgung setzt den zielgerechten Morbi-RSA voraus -. Folien zu einem ZENO-Vortrag am 10. Juli 2008, Berlin. Dokumentation, Heidelberg.

Stock S, Redaelli M, Lüngen M, Wendland G, Civello D, Lauterbach KM (2005) Asthma: prevalence and cost of illness. Eur Respir J 25 (1): 47-53.

Trautner C, Dong Y, Ryll A et al. (2005): Verlässlichkeit von Diagnosen niedergelassener Ärzte in Niedersachsen. In: Gesundheits- und Sozialpolitik, 2005 (1-2): 36-43.

Wasem J (2007) Essener Liste von Erkrankungen für den morbiditätsorientierten Risikostrukturausgleich in der gesetzlichen Krankenversicherung. Nachzulesen unter www.uni-due.de/medizinmanagement (Abruf 25.05.2008).

Windt R, Glaeske G, Hoffmann F (2008) Lässt sich Versorgungsqualität bei Asthma mit GKV-Routinedaten abbilden? Versorgungsforschung 2: 29-34.

Schwabe U, Paffrath W (Hrsg.) Arzneiverordnungs-Report 2004. Springer, Berlin.

Systembezogene Bewertung einer nutzenorientierten Arzneimittelversorgung
Lili Grell

1. Nutzen

Es wurde immer wieder polemisiert, dass innerhalb der gesetzlichen Krankenversicherung „Nutzen" nicht definiert sei. Dabei wird unter „Nutzen" international in allen Health Technology Assessments (HTA) Morbidität, Mortalität, Lebensqualität verstanden. Darüber hinaus gibt es krankheitsbezogene und krankheitsspezifische Aspekte der Gesundheitsverbesserung.

In § 35 b SGB V hat der Gesetzgeber jetzt die Nutzenparameter festgelegt. So heißt es dort: Beim Patienten-Nutzen sollen insbesondere

- eine Verbesserung des Gesundheitszustandes,
- eine Verkürzung der Krankheitsdauer,
- eine Verlängerung der Lebensdauer,
- eine Verringerung der Nebenwirkungen
- eine Verbesserung der Lebensqualität

angemessen berücksichtigt werden.

Die Verbesserung des Gesundheitszustandes ist krankheitsspezifisch nachzuweisen. Im Übrigen entspricht dies auch dem Vorgehen bei den Zulassungsbehörden. So finden sich für zahlreiche Krankheiten bei der europäischen Zulassungsbehörde EMEA „Note for Guidance"-Papiere.

2. Bewertung des Nutzens

In der Regel ist in der Arzneimittelversorgung, insbesondere bei häufigen Erkrankungen, davon auszugehen, dass Grundlage einer adäquaten Entscheidung die Metaanalyse von randomisierten klinischen Studien sein sollte. Gelegentlich wird man im Evidenzlevel zurückgehen müssen auf einzelne randomisierte klinische Prüfungen oder auch auf noch geringere Level. Dies ist jedoch begründungspflichtig.

Evidenzklassifizierung des Gemeinsamen Bundesausschusses zu therapeutischen Methoden:

Evidenzklassifizierung des Gemeinsamen Bundesausschusses zu therapeutischen Methoden:	
I a	Systematische Übersichtsarbeiten von Studien der Evidenzstufe I b
I b	Randomisierte klinische Studien
II a	Systematische Übersichtsarbeiten von Studien der Evidenzstufe II b
II b	Prospektive vergleichende Kohortenstudien
III	Retrospektive vergleichende Studien
IV	Fallserien und andere nicht-vergleichende Studien
V	Assoziationsbeobachtungen, pathophysiologische Überlegungen, deskriptive Darstellungen, Einzelfallberichte, u. ä.; nicht mit Studien belegte Meinungen anerkannter Experten, Berichte von Expertenkomitees und Konsensuskonferenzen

Die Frage, wer bewertet, ist im Rahmen der gesetzlichen Krankenversicherung für Arzneimittel geregelt. Das Institut für Qualität und Wirtschaftlichkeit im Gesundheitswesen führt Bewertungen im Auftrag des Gemeinsamen Bundesausschusses durch. Allerdings bewertet der Gemeinsame Bundesausschuss beispielsweise für die Arzneimittel-Richtlinien auch selbst. International gibt es eine Reihe von Institutionen, die Bewertungen durchführen, auf die sich die gemeinsame Selbstverwaltung auch stützen kann, wie zum Beispiel Cochrane Reviews, die kanadische HTA-Institution, die australische Organisation des National Prescribing Service Limited oder auch das National Institute of Clinical Excellence und andere.

Letztlich ist es zur Aufbereitung der Evidenz unerheblich, wer eine Bewertung durchführt, entscheidend ist die Qualität.

3. Arzneimittelversorgung

Die Arzneimittelversorgung benötigt neben der klinischen Erkenntnislage, wie sie oben angedeutet wurde, weitere Parameter, da sie auch patientenindividuelle Aspekte berücksichtigen muss. So ist die Frage zu würdigen, wie zum Beispiel bei häufigen Kontraindikationen eine wirtschaftliche Versorgung sicherzustellen ist. Wechselwirkungen mit anderen Wirkstoffen, die typischerweise bei der Erkrankung zum Tragen kommen, müssen Berücksichtigung finden. Andererseits können auf individueller Patientenebene einzelne Faktoren wie zum Beispiel händische Behinderungen oder geistige Beeinträchtigungen für den einzelnen Patienten von zentraler Bedeutung sein. Nicht immer kommt der Auswahl der Wirkstoffe zentrale Bedeutung zu. So kann bei Patienten mit deutlich eingeschränkter Handmotorik die Entnahme von Tabletten aus Blistern oder die Applikation von Wirkstoffen mit Hilfsmitteln sehr erschwert sein. In diesem Beispiel führt die Abpackung bzw. das Hilfsmittel zur Auswahl des Arzneimittels.

Neben medizinisch-klinischen Aspekten auf der Grundlage von klaren Daten und patientenindividuellen Aspekten gibt es jedoch auch nichtmedizinische Aspekte, wie zum Beispiel das Marketing von Firmen, die rational nicht begründeten Vorlieben von Ärzten und Verbänden zum Beispiel auf der Grundlage auch kultureller Traditionen. Diese nichtmedizinischen Aspekte dürfen nicht im Widerspruch zum Wirtschaftlichkeitsgebot stehen und zu einer qualitativ guten Versorgung.

4. Systembezogene Bewertung

Wenn man unter dem Systembezug das Wirtschaftlichkeitsgebot versteht, das für die gesetzliche Krankenversicherung konstituierend ist, dann gibt es eine Dreiecksbeziehung.

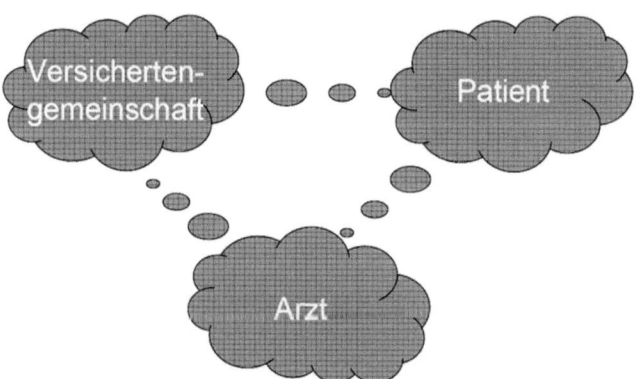

Das Wirtschaftlichkeitsgebot wirkt unter medizinischen Aspekten auch einer Polypragmasie entgegen. Diese verbietet sich zum Beispiel auch wegen der Nichtüberschaubarkeit von Wechselwirkungen. Insofern ist es auch medizinisch in der Arzneimittelversorgung geboten. Darüber hinaus ist die Verschwendung von Geldern unethisch, da sie die Versorgung anderer, auch sehr teurer Patienten gefährdet. Insofern ist der sorgfältige Umgang mit den Ressourcen ethisch geboten.

Die Einsparung unnötiger Kosten schafft Ressourcen auch für neue, häufig viel zu teure Arzneimittel und letztlich damit auch Raum für Innovationen.

Demzufolge ist es bei der jetzigen Datenlage auch richtig gewesen, in den Arzneimittel-Richtlinien die kurzwirksamen Insuline bei einem Diabetes mellitus Typ 2 auszuschließen, da ein Nutzen zum gegenwärtigen Zeitpunkt für diese Insuline nicht belegt ist. Die Bewertungen im Unterausschuss „Arzneimittel-Richtlinien" stehen bisher in keinem Gegensatz zu einer guten Arzneimittelversorgung, sondern reduzieren die Unwirtschaftlichkeit.

In der öffentlichen Diskussion wird immer wieder vorgebracht, dass die Nutzenbewertung des IQWiG völlig neue Voraussetzungen für die Industrie schaffen würde. Dem ist nicht zu folgen, da in Deutschland im Gegensatz zum Ausland sehr spät eine Institution etabliert hat, die Nutzenbewertungen durchführt. Im Nachfolgenden wird lediglich eine kleine Auswahl aufgeführt:

- 1948: RAND (Research and Development) Corporation
- 1949 Ziekenfondsraad/College voor zorgverzekeringen in den Niederlanden
- 1972 Cochrane Lecture "Effectiveness and Efficiency"
- 1972 Office of Technology Assessment in den USA
- 1989 Kanada: CCOHTA/CADTH
- 1992 Swedish Council on Technology Assessment in Health Care (SBU)
- 1993 NHS - 1999 National Institute for Health and Clinical Excellence (NICE)
- 2004 IQWiG

Die ersten vom IQWiG vorgelegten Arzneimittelbewertungen stehen methodisch und inhaltlich im Einklang mit internationalen Vorgehensweisen und Bewertungen.

Andererseits entspricht die öffentliche Diskussion bei uns weder zeitlich, inhaltlich noch methodisch oder politisch dem Diskussionsstand in anderen Ländern. Es ist zu hoffen, dass in Deutschland einer faktenbasierte Versorgung mit Arzneimitteln zunehmend Raum gegeben wird.

Literatur:

Bundesministerium für Gesundheit: Bekanntmachung eines Beschlusses zur Änderung der Verfahrensordnung des Gemeinsamen Bundesausschusses vom 18. April 2006. BAnz. Nr. 124 vom 06. Juli 2006, S. 4876.

Canadian Agency for Drugs and Technologies in Health, http://www.cadth.ca/ [24.11.2008]

Cochrane, A.L.: Effectiveness and efficiency: random reflections on health services. London: Royal Society of Medicine Press Ltd., 2004.

College voor zorgverzekeringen, http://www.cvz.nl [24.11.2008]

Deutsches Cochrane Zentrum, http://www.cochrane.de/de/index.htm [24.11.2008]

European Medicines Agency (EMEA), http://www.emea.europa.eu/ [26.11.2008].

Kunz, R.; Ollenschläger, G.; Raspe, H. et al.: Lehrbuch Evidenzbasierte Medizin in Klinik und Praxis. Köln: Dt. Ärzte-Verl., 2000.

National Institute for Health and Clinical Excellence, http://www.nice.org.uk/ [24.11.2008]

Office of Technology Assessment, Congress of the United States: Identifying Health Technologies that work: searching for evidence. Washington, DC: U.S. Government Printing Office, 1994.

Rand Corporation, http://www.rand.org/ [24.11.2008]

Swedish Council on Technology Assessment in Health Care, http://www.sbu.sc/cn/ [24.11.2008]

Zur Beurteilung einer Nutzenbewertung pharmazeutischer Innovationen aus Sicht eines Unternehmens

Franz-Josef Wingen und Jens Lipinski

Die „Beurteilung einer Nutzenbewertung" ist eine Aufgabe, der sich seit vielen Jahren weltweit verschiedene Institutionen mit sehr verschiedenen Ansätzen gewidmet haben. In Deutschland assoziieren wir Nutzenbewertung zunehmend mit IQWiG-Berichten. Dabei stehen gerade die Berichte des IQWiG immer häufiger in der Kritik, eine zu enge Sichtweise einzunehmen. Die „Sicht eines Unternehmens" hat ebenso viele Facetten, wie sie das IQWiG einnehmen könnte.

Im Folgenden soll dargestellt werden, dass bei Bayer sehr bewusst die verschiedenen Perspektiven, von der eigenen wirtschaftlichen Bewertung über die Patientenperspektive bis hin zur Analyse der Implikationen für die Gesellschaft, eingenommen und miteinander abgewägt werden. Insofern könnte man im Vortragstitel diese Einschränkung streichen. An späterer Stelle möchten wir aber vorstellen, wie andere Institutionen im deutschen Gesundheitswesen je nach eigenem Kommunikationsziel „Nutzen" definieren.

Zunächst folgt ein Versuch, ein gemeinsames Verständnis für den Begriff „pharmazeutische Innovation" zu gewinnen:

1. Innovation oder Scheininnovation?

Bayer hat mit seinem neuen oralen Faktor Xa-Inhibitor eine „echte" Innovation auf den Markt gebracht. Rivaroxaban war 2008 eine der Substanzen, die von Fricke in die Kategorie „innovative Struktur oder neuartiges Wirkprinzip mit therapeutischer Relevanz" eingestuft wurde[1].

In den meisten Fällen findet jedoch keine so eindeutige und positive Bewertung neuer Wirkstoffe statt. Für solche Präparate hat sich auch der Begriff „Me-Too-Präparate" etabliert. Im Arzneiverordnungsreport 2005 wird diese Gruppe von Substanzen wie folgt definiert:

> *Bezeichnung für patentierte Arzneimittelwirkstoffe, die nur geringfügige Molekülvariationen bereits vorhandener Substanzen zumeist ohne eigene therapeutische Innovation sind. Viele dieser Präparate sind zwar nicht besser in der Wirkung als herkömmliche Arzneimittel ohne*

---

[1] http://www.uni-duesseldorf.de/kojda-pharmalehrbuch/fortbildungkoeln/Fricke_Liste_Neue_Arzneimittel_2008.pdf (abgerufen am 27. April 2009)

Patentschutz, erzielen aber höhere Preise. Das Einsparvolumen bei den Me-Too-Präparaten (Analogpräparate) lag für 2004 bei 1,2 Milliarden Euro.

Beispielhaft wird eine andere Substanz aus dem Bayer-Portfolio vorgestellt, die sich kurz vor der Marktzulassung befindet, und die im strengen Sinne lediglich eine Variation bereits bekannter Wirkstoffe ist: Dienogest ist ein synthetisches Gestagen, das als einziges 19-Norgestagen keine glukokortikoide, mineralkortikoide oder androgene Partialwirkung aufweist. Doch auch wenn es sich bei der 17α-Cyanomethyl-Gruppe und der zusätzlichen Doppelbindung in Ring B „nur" um eine Variation handelt, sind diese verantwortlich dafür, dass die progestogene Aktivität von Dienogest bis zu 30 Mal höher als die anderer Progestine ist und bei im Vergleich wesentlich niedrigeren Dosen eine Wirkung auf das Endometrium zu beobachten ist.

Progestins for treatment of endometriosis

Progestin	Endometriosis [mg/day]	OC or HRT [mg/day]	Dose ratio [mean]
Norethindrone acetate	10.0 - 20.0	0.5 - 1.0	20
Lynestrenol	5.0 - 7.5	0.75 - 2.5	4
Dydrogesterone	10.0 - 60.0	10.0 - 20.0	2
MPA	10.0 - 50.0	2.5 - 5.0	8
Dienogest	2.0	2.0	1

Bayer HealthCare
Bayer Vital

Durch diese ausgeprägte Wirkung auf das Endometrium bei gleichzeitig einer dazu im Verhältnis sehr geringen kontrazeptiven Wirkung wird Dienogest ausschließlich zur Behandlung der Endometriose beziehungsweise Endometriose bedingter Schmerzen zugelassen werden. Falls eine Kontrazeption gewünscht ist, wird explizit die Verwendung eines nicht hormonellen Verhütungsmittels empfohlen.

Trotz dieses neuen Wirkungsprofils könnte der Laie schnell zu der Einschätzung gelangen, dass die Kriterien eines Me-Too erfüllt sind: bekannter Wirkstoff, leicht abgewandelt, also Me-Too, oder manchmal auch nur „Scheininnovation". Man könnte sich jedoch darüber einig werden, dass es sich bei unserem Beispiel zumindest um eine „Schrittinnovation" handelt.

Die Schrittinnovationen auf der Ebene der Arzneistoffe zeichnen sich meist durch eine schrittweise Optimierung bekannter Wirkstoffe aus. Den auf diesem Weg entstandenen Arzneistoffen wird häufig der innovative Charakter abgesprochen oder es wird ihnen höchstens eine geringe Innovationshöhe zuerkannt, da die Molekülstruktur der Ausgangsverbindung oft nur sehr geringfügig verändert wurde. Eine auf dem Papier geringfügig anmutende Strukturänderung kann jedoch die pharmakologischen Eigenschaften deutlich verändern und den therapeutischen Nutzen relevant steigern ... . Die Verbesserungen inner-

halb einer Wirkstoffgruppe hinsichtlich Wirkung, Nebenwirkungen, Behandlungsspektrum oder Einnahmemodalitäten sind bei den therapeutisch bedeutsamsten Arzneistoffen meist nur durch stufenweise Abwandlungen erreicht worden. Davon zeugen die vielen Arzneistoffe, die man der so genannten zweiten oder dritten Generation einer Wirkstoffklasse zurechnet. Die systematische, an der chemischen Struktur orientierte Klassifizierung von Arzneistoffen und das Hervorheben bestimmter pharmakologischer Gemeinsamkeiten darf auf keinen Fall dazu verleiten, alle der Leitsubstanz einer Wirkstoffklasse folgenden Wirkstoffen a priori als lediglich nachahmende „Me-too-Präparate" abzutun. Die große Mehrzahl der derzeit prominentesten Arzneistoffe ist durch Schrittinnovationen entstanden.[2]

An dieser Stelle sei also festgehalten, dass der Innovationsgrad neuer Arzneimittel nicht alleine von der Neuartigkeit des Wirkstoffs abhängt.

Innovationsgrad neuer Arzneimittel hängt nicht alleine von der Neuartigkeit des Wirkstoffs ab

- Stoff-Kriterien
  (Enantiomereneinheit, Löslichkeit, Stabilität, Prodrug, Struktur ...)
- Pharmakodynamische Kriterien
  (Selektivität, Wirkspektrum, Indikationsanspruch ...)
- Pharmakokinetische Kriterien
  (Resorption, Bioverfügbarkeit, Biotransformation, Elimination ...)
- Pharmazeutisch-technologische Kriterien
  (Hilfsstoffe, Lösungsvermittlung, Applikationswege, Robustheit ...)
- Interaktionskriterien
  (Metabolisierungsenzyme, Transportsysteme, Eiweißbindung ...)

DAZ 2005

Bayer Vital

Der Blick über den Tellerrand zeigt, dass Innovation in anderen Ländern schon lange nicht mehr anhand der Neuartigkeit der chemischen Struktur oder

---

[2] Positionspapier der Deutschen Pharmazeutischen Gesellschaft: Kriterien für die Beurteilung von Arzneimittelinnovationen. 2005.

des Wirkprinzips bewertet werden. In Frankreich basiert die Nutzenbewertung eines neuen Arzneimittels nicht nur auf den „Zulassungs"-Kriterien

- Wirksamkeit unter Studienbedingungen,
- Sicherheit (Nebenwirkungen) des Medikaments und
- Bedeutung des Arzneimittels in der Behandlungsstrategie,

sondern auf dem „public health value" (*impact en santé publique*) anhand der Kriterien

- Schwere der zu behandelnden Krankheit,
- Einfluss auf die Morbidität und Mortalität der Bevölkerung und
- Nutzen für das Gesundheitswesen.

So stellte Schräder 2005 eine Mehr-Ebenen-Bewertung des Medizinischen Dienstes der Spitzenverbände der Krankenkassen vor:

1. Ist ein Verfahren wirklich neu?
2. Wenn es neu ist:
   Ist es sinnvoll?
3. Wenn es neu und sinnvoll ist:
   Ist es besser (wirksamer, risikoärmer ...) als das bisherige? (Substitutionspotential)
4. Wenn es neu und sinnvoll ist:
   Behandelt es ein bisher nicht behandelbares Problem? (additiv)
5. Wenn es neu und sinnvoll ist, aber gleich wirksam wie das bisherige:
   Ist es günstiger? (Wirtschaftlichkeitspotential)

Dieser Kriterienkatalog spiegelt auch in unserer Perspektive einen grundlegenden Ansatz zur Bewertung von Innovationen wieder. Die Orientierung an Patienten- und Gesellschaftsnutzen begleitet unser Studien- und Entwicklungsprogramm von Beginn an, so dass wir anstelle des engen Fokus auf Chemie und Pharmakologie diese erweiterte Definition von „Innovation" benutzen sollten.

2. Aber: Ist Patientennutzen gleich Patientennutzen?

Der Gesetzgeber hat in § 35b SGB V relativ konkret beschrieben, anhand welcher Kriterien „Nutzen" zu bewerten ist:

> *Beim Patienten-Nutzen sollen insbesondere die Verbesserung des Gesundheitszustandes, eine Verkürzung der Krankheitsdauer, eine Verlängerung der Lebensdauer, eine Verringerung der Nebenwirkungen sowie eine Verbesserung der Lebensqualität, bei der wirtschaftlichen Bewertung auch die Angemessenheit und Zumutbarkeit einer*

Kostenübernahme durch die Versichertengemeinschaft, angemessen berücksichtigt werden.

Das IQWiG „übersetzt" in seinen Allgemeinen Methoden (Version 3.0 vom 27.5.2008) diesen Auftrag in eine eigene Hierarchie von Bewertungskriterien:

Da sich der Nutzen einer Maßnahme auf den Patienten beziehen soll, beruht diese Bewertung auf Ergebnissen wissenschaftlicher Untersuchungen zur Beeinflussung patientenrelevanter Endpunkte. Als „patientenrelevant" soll in diesem Zusammenhang verstanden werden, wie ein Patient fühlt, seine Funktionen und Aktivitäten wahrnehmen kann oder überlebt. Dabei werden sowohl die beabsichtigten als auch die unbeabsichtigten Effekte der Interventionen berücksichtigt, die eine Bewertung der Beeinflussung insbesondere folgender patientenrelevanter Zielgrößen zur Feststellung krankheits- und behandlungsbedingter Veränderungen erlauben:

1. Mortalität,
2. Morbidität (Beschwerden und Komplikationen),
3. gesundheitsbezogene Lebensqualität.

Ergänzend können der interventions- und erkrankungsbezogene Aufwand und die Zufriedenheit der Patienten mit der Behandlung berücksichtigt werden. Solche Aspekte kommen allerdings in der Regel nur als sekundäre Zielgrößen in Betracht.

Dabei zeigt die bisherige Praxis des IQWiG, dass die in § 35b SGB V als gleichwertig genannten Kriterien in einer eindeutigen Hierarchie bewertet werden. Vereinfacht gesagt: Nur wenn mindestens Gleichheit in einer Nutzendimension besteht, werden gegebenenfalls auch nachrangig betrachtete Nutzenaspekte angemessen berücksichtigt. Also nur wenn beispielsweise eine therapeutische Alternative das Gesamtüberleben nicht reduziert, haben bessere Ergebnisse hinsichtlich Komplikationen oder Lebensqualität einen relevanten Einfluss auf die Bewertung. Das führt dazu, dass ein neues Produkt, das ein kürzeres Überleben bei aber einer in dieser Zeit insgesamt deutlich besseren Lebensqualität bewirkt, eher keine Aussicht auf die Gesamtbewertung „Zusatznutzen" hat. Zusätzlich schafft der enge Focus auf ausschließlich RCTs eine Einengung der Perspektive, die dem Aspekt „patientenrelevant" insgesamt nicht gerecht wird. Denn in RCTs werden bereits durch das Studienprotokoll so enge Vorgaben gemacht, dass Unterschiede der Versorgungsrealität, insbesondere hinsichtlich Patientenzufriedenheit oder erkrankungsbezogenem Aufwand nicht angemessen zu erfassen sind.

Am Beispiel einer Studie von Zschoke et al.[3] soll aufgezeigt werden, wie deutlich sich Experten- und Patientenperspektive unterscheiden können. Es wurden jeweils Ärzte und Patienten nach den aus ihrer Sicht wichtigsten Therapiezielen befragt. Während die Ärzte als wichtigste Ziele „Verminderung von Juckreiz und Brennen auf der Haut" (74,6%) und „Abheilung der sichtbaren Hautveränderungen" (70,2%) genannt wurden, stand bei den Patienten die „Abheilung aller Hautveränderungen" (75,3%) im Vordergrund. Für die Patienten waren jedoch auch Aspekte wie „Vermeidung starker Nebenwirkungen durch die Behandlung" und „Weniger Arzt- und Klinikbesuche" mit jeweils 57,5% fast genauso wichtig wie die Abheilung der sichtbaren Hautveränderungen (60,3%).

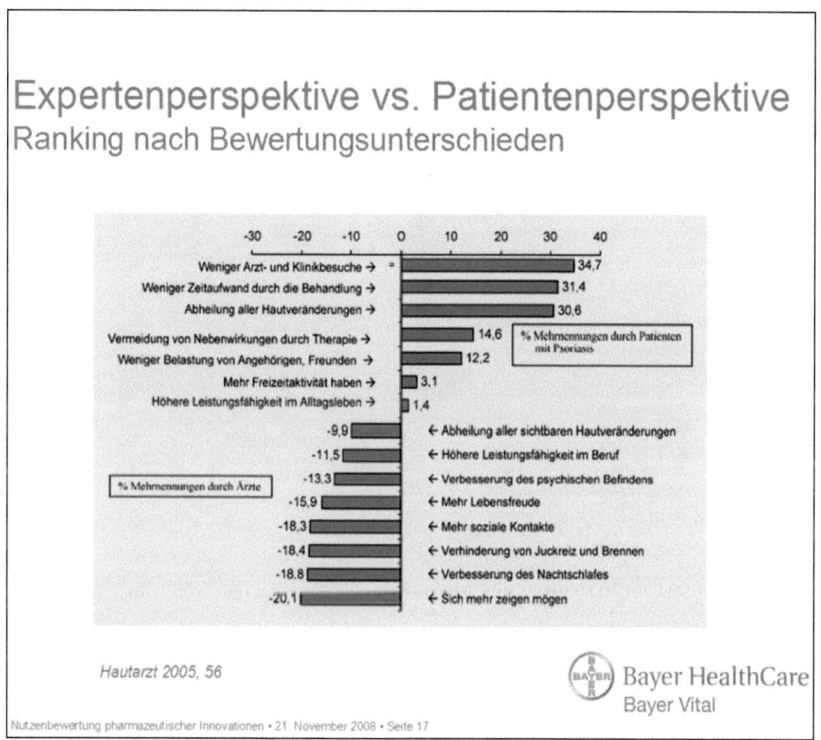

Auf Basis dieser Bewertungsunterschiede kommen die Autoren zu folgendem Ergebnis:

---

[3] Zschoke I.: Therapeutischer Nutzen in der dermatologischen Behandlung. Bewertung von Therapieerfolg aus Arzt- und Patientenperspektive bei Psoriasis und atopischer Dermatitis. Hautarzt 2005 (56):839-846.

Ärzte und Patienten stimmen hinsichtlich Verbesserung der klinischen Symptomatik und der Nebenwirkungsrate als Therapieziele überein. Psychische Belastungen und soziale Besserungen werden vom medizinischen Personal deutlich häufiger, das Bedürfnis nach geringerem therapeutischen Aufwand deutlich seltener genannt als von der Patientengruppe.

Noch offensichtlicher wird dieses Ergebnis, wenn man die Bewertungsunterschiede zwischen Ärzten und Patienten nach den IQWiG-Kriterien gruppiert:

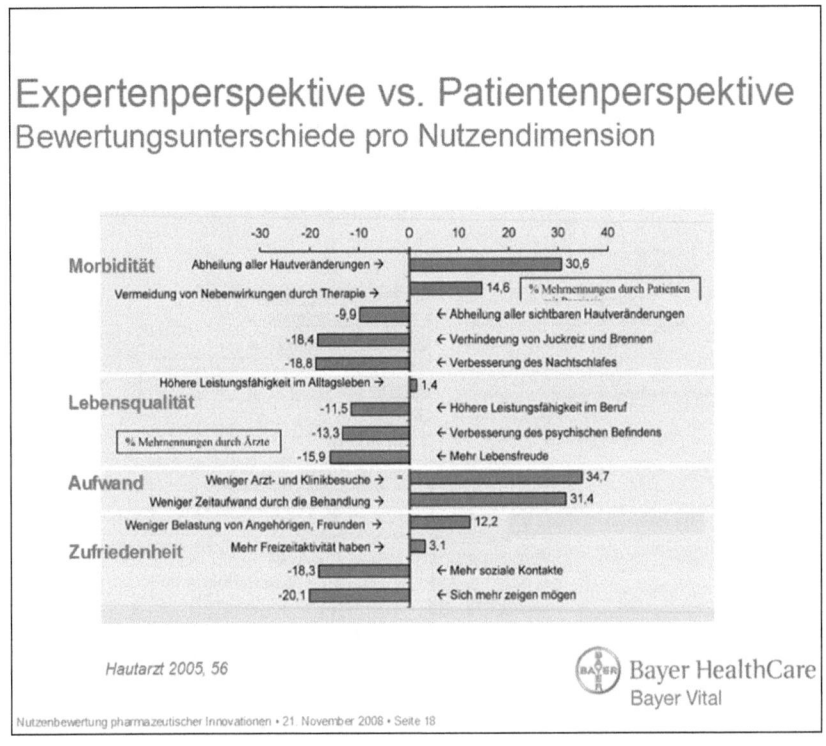

Es wird damit deutlich, dass insbesondere die hohe Relevanz des interventions- und erkrankungsbezogenen Aufwands in der IQWiG-Hierarchie nicht adäquat berücksichtigt wird.

Dass dies für das Bewertungsergebnis durchaus Folgen haben kann, zeigt beispielsweise der Vorbericht A05-09 „Antihypertensive Wirkstoffgruppen als Therapie der ersten Wahl" vom 9.9.2008. Hier heißt es:

In den Studien, die in die vorliegende Nutzenbewertung eingingen, wurden keine Daten zur Zufriedenheit der Patienten mit der Therapie erhoben. Ein Vergleich der Zufriedenheit der Patienten mit den untersuchten Therapieoptionen kann deshalb nicht vorgenommen werden.

Jeder von uns kennt die Nebenwirkungen von Diuretika und Betablockern, die in der Versorgungswirklichkeit, also außerhalb klinischer Studien, zu deutlich höheren Abbrecherquoten als ACE-Hemmer oder AT1-Antagonisten führen. Auch wenn das IQWiG mit dieser Bewertung formal seinen eigenen Methoden folgen mag, muss doch hinterfragt werden, ob hierdurch das Ergebnis unangemessen und einseitig beeinflusst wird.

Das nun folgende zweite Beispiel soll darstellen, wie unterschiedlich und zweckgerichtet „Standards" der Nutzen-Bewertung angewandt werden können:

Im Gemeinsamen Bundesausschuss werden von den Vertretern der Krankenkassen, der Kassenärztlichen Vereinigungen und der Krankenhäuser auf Basis der Kriterien der evidenzbasierten Medizin Entscheidungen über die Aufnahme oder den Ausschluss von neuen Untersuchungs- oder Behandlungsverfahren getroffen. Vor Kurzem erschien in der Münchener Medizinischen Wochenzeitschrift das Ergebnis einer Studie der AOK zur „Wirksamkeit" von Disease-Management-Programmen (DMP):

Das Ergebnis liest sich zunächst sehr beeindruckend. Doch genauso wie der Pharmaindustrie vorgeworfen wird, Studien im eigenen Interesse auszulegen, könnte bei dieser AOK-Studie die Frage einmal umgekehrt gestellt werden.

Vorweg einige Worte zur Situation, in der die Ergebnisse dieser Studie veröffentlicht wurden. Die Einführung der DMP war – neben anderen Intentionen – auch als Vorstufe zur Umwandlung des bis dato überwiegend an Alter und Geschlecht orientierten Risikostrukturausgleichs zwischen den Kassen zum Morbiditätsorientierten Risikostrukturausgleich (Morbi-RSA) geplant. Für Versicherte, die an bestimmten Erkrankungen litten, erhielt eine Krankenkasse dann einen höheren Finanzausgleich von bis zu 5.500 Euro jährlich, wenn dieser Versicherte in ein DMP eingeschrieben war. Insbesondere die AOKn profitierten wirtschaftlich von dieser Systematik.

Im Zuge der Einführung des Morbi-RSA zum 1.1.2009 stellte sich die Frage, welche zusätzlichen Ausgleichszahlungen eine Krankenkasse für die Teilnahme eines Versicherten an einem DMP noch erhalten soll, wenn die morbiditätsbezogene Ausgleichszahlung nicht mehr von der DMP-Teilnahme abhängig sein würde. Um die Fortführung von DMPs und eine möglichst hohe Verwaltungskostenpauschale für die eigenen Versicherten zu erreichen, musste also der Nutzen von DMP von den AOKen bestmöglich dargestellt werden.

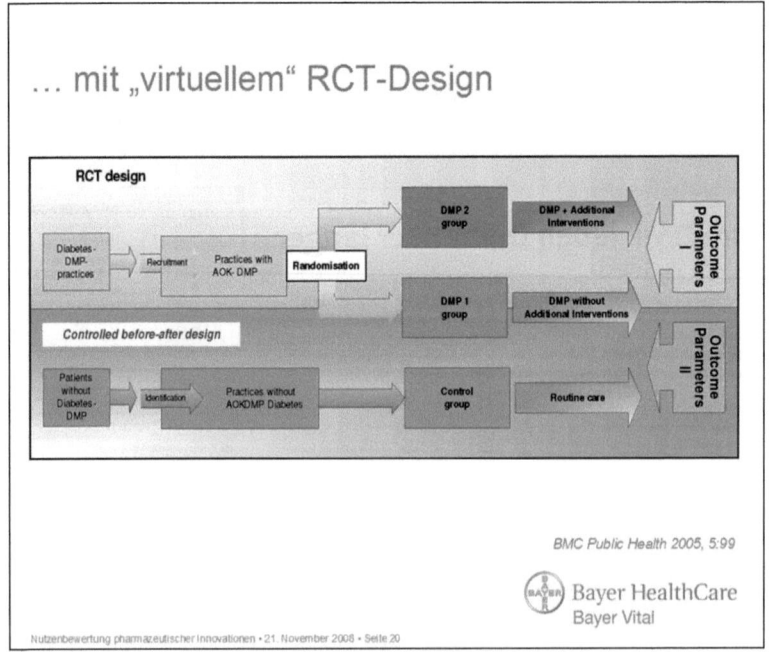

Kommen wir zurück zur Studie: Das Ergebnis der Studie war, dass Versicherte im DMP länger leben als ohne DMP. Wenn wir seriös eine solche These aufstellen wollten, müssten wir mindestens ein RCT-Design planen. Ein solches Design wurde auch in der zitierten ELSID-Studie angewandt. Allerdings erfolgte die Randomisierung nicht zum Zweck der Bildung der beiden Gruppen „DMP-Teilnehmer" und „Nicht-DMP-Teilnehmer". Randomisiert wurde ausschließlich innerhalb der Gruppe der DMP-Teilnehmer und zwar in die beiden Gruppen „DMP + Additional Interventions" und „DMP without Additional Interventions". Während die Gruppe der DMP-Teilnehmer also anhand der Einschreibung identifiziert werden konnte, wurde die Kontrollgruppe anhand von Auswertungen von Abrechnungs-/Diagnosedaten gebildet. Alleine auf Basis des Rekrutierungsunterschieds beider Gruppen sind also schon systematische Unterschiede zwischen beiden Gruppen zu erwarten.

Das Studienergebnis ist jedoch in noch einer weiteren Hinsicht bemerkenswert: Lebenserwartung oder Überlebenszeit waren in ELSID als Ergebnisparameter überhaupt nicht vorgesehen, weder im Vergleich der beiden DMP-Teilnehmergruppen untereinander, noch im Vergleich zur Kontrollgruppe.

... und „passenden" Outcome-Parametern

Table 1: Primary and secondary outcome parameters

OUTCOME PARAMETERS I DHP 1 vs. DMP 2	OUTCOME PARAMETERS II DHP 1 vs. CG
Primary outcome parameter	*Primary outcome parameter*
Proportion of patients achieving target values for HbA1c and RR according to the legal regulations (10)	Proportion of patients with prescriptions for antidiabetic, antihypertensive and lipid-lowering drugs
Secondary outcome parameters	*Secondary outcome parameters*
Proportion of patients with prescriptions for antidiabetic, antihypertensive and lipid-lowering drugs	----
Proportion of patients with referrals to ophthalmologists, specialists for diabetology and diabetic feet	Proportion of patients with referrals to ophthalmologists, specialists for diabetology and diabetic feet
Proportion of patients referred to a patient education training for diabetes and hypertension	Proportion of patients referred to a patient education training for diabetes and hypertension
Proportion of patients with severe complications (amputation, dialysis etc.)	Proportion of patients with severe complications (amputation, dialysis etc.)
Proportion of patients with > 2 hospitalizations in the last 6 months	Proportion of patients with > 2 hospitalizations in the last 6 months
Consultation rate	Consultation rate
Days of incapacity to work	Days of incapacity to work
Mean differences of HbA1c, RR, BMI and glomerular filtration rate	----
SCORE risk chart (RR, cholesterol, smoking status, age, gender)	----
Drop out rate from the DMP	----

BMC Public Health 2005, 5:99

Bayer HealthCare
Bayer Vital

Aus diesem Beispiel könnte man den Schluss ziehen, dass diejenigen, die den Nutzen einer Innovation zu bewerten haben, mit ganz anderen Kriterien an die Bewertung und Darstellung eigener „Innovationssprünge" herangehen, als dies von uns, der Pharmaindustrie, gefordert wird.

3. „Umdenken" in den Unternehmen

Wie bereits dargestellt, begleitet die Orientierung an Patienten- und Gesellschaftsnutzen unser Studien- und Entwicklungsprogramm von Beginn an. Seit Kurzem ist in Deutschland unsere Neuentwicklung Xarelto® zugelassen, die sich durch einige Besonderheiten auszeichnet:

- Erster Faktor Xa Inhibitor mit oraler Gabe
- Hohe Bioverfügbarkeit, keine Prodrug
- Direkter Aktionsmechanismus: keine Notwendigkeit für Co-Faktoren
- Hoch selektiv für Faktor Xa: sehr begrenzte Effekte außerhalb der Koagulation
- Starker antithrombotischer Effekt sowohl im venösen als auch im arteriellen Gefäßsystem

Noch im Jahr 2005, zu einem Zeitpunkt also, zu dem wir in den Planungen für unser klinisches Forschungsprogramm für Phase 3 standen, befanden sich mehrere Dutzend Entwicklungsprodukte in gleichem oder fortgeschrittenerem Entwicklungsstadium. Es war damals klar, gegen welche Standardtherapien wir unser Studienprogramm planen mussten.

Im Januar 2008 hat das IQWiG seinen ersten Vorschlag und im Oktober 2008 eine redaktionell überarbeitete Fassung seiner Methodik zur Bewertung des Verhältnisses zwischen Kosten und Nutzen verschiedener Behandlungsverfahren vorgelegt. Die vom IQWiG vorgeschlagene Effizienzgrenze sieht vor, alle in einem therapeutischen Bereich vorhandenen Behandlungsalternativen hinsichtlich ihres Nutzens und ihrer Kosten in einer Grafik aufzutragen.

Die Vorstellung des IQWiG ist, dass durch Verbinden der jeweils effektivsten Behandlungsalternativen – also im Beispiel der Alternativen C, E und A – eine sogenannte Effizienzgrenze entsteht. Durch Auftragen der neuen Therapiealternative in diese Grafik und ihrem Verhältnis zu der derzeit effektivsten Alternative, also A, soll der für den Zusatznutzen des neuen Produktes angemessene Höchsterstattungsbetrag ermittelt werden können.

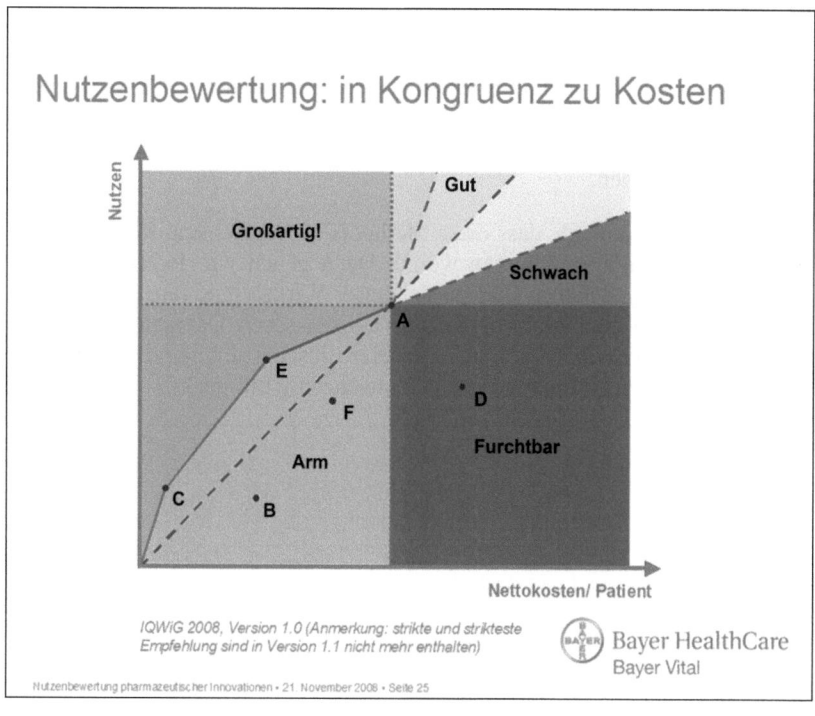

Relativ eindeutig ist die Angemessenheit des Preises des neuen Produktes, wenn dieses besser wirkt und billiger ist („großartig") oder wenn es schlechter wirkt und teurer ist („furchtbar"). In den meisten Fällen wird das neue Produkt jedoch besser und teurer sein. Hierfür schlägt das IQWiG in seinem ersten Methodenvorschlag drei Extrapolationen der durch die bisherigen Behandlungsalternativen gebildeten Effizienzgrenze vor:

- eine Verlängerung der Linie zwischen der effektivsten und der nächsteffektivsten Alternative
- eine Verlängerung der Linie, die den Achsenursprung mit der effektivsten Alternative verbindet
- eine Linie ausgehend von der effektivsten Alternative mit einer Steigung entsprechend des besten Verhältnis zwischen Kosten und Nutzen einer Alternative (also im Beispiel mit der Steigung entsprechend des ersten Abschnitts der Effizienzgrenze zwischen Achsenursprung und C)

Neue Produkte, die sich oberhalb dieser extrapolierten Linien befinden, werden vom IQWiG als im Preis angemessen angesehen.

Im Folgenden soll nicht ausgeführt werden, aufgrund welcher Bewertungsschritte und -kriterien einzelne Behandlungsalternativen in dieser Grafik aufgetragen werden. Zu den diesbezüglichen Vorstellungen des IQWiG gibt es umfangreiche und kritische Stellungnahmen, nicht nur aus der pharmazeutischen Industrie, sondern auch aus der Wissenschaft, namentlich den deutschen Gesundheitsökonomen.

Unterstellen wir einfach, dass diese Methodik in Deutschland für unser neues Produkt zur Anwendung kommen würde. Dann gehen wir derzeit davon aus, dass eine Grafik entstehen würde, in der unser Wirkstoff Rivaroxaban sich im Verhältnis zu dem ebenfalls vor Kurzem zugelassenen Dabigatran im linken oberen Quadranten befinden würde: in unserer Einschätzung wirkt Xarelto® besser als die bisherigen Alternativen und ist gleichzeitig billiger.

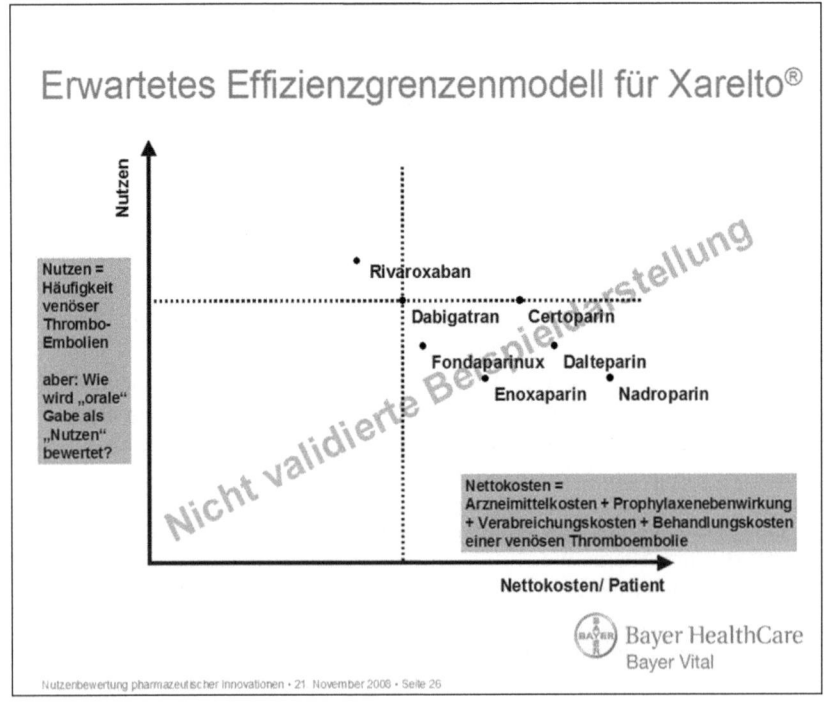

Es sei darauf hingewiesen, dass es sich – abgesehen von unserer Einschätzung des Zusatznutzens und der Kostenreduktion von Rivaroxaban – bei dieser Darstellung alleine um ein hypothetisches Beispiel handelt. Da wir dieses Beispiel jedoch als Grundlage der Darstellung des Fehlanreizes dieses IQWiG-Methodenvorschlags benutzen möchten, sind alle anderen Behandlungsalternativen hier erst einmal rein exemplarisch und ohne validierte Bewertung eingetragen worden.

Gehen wir in unserem Szenario also jetzt einmal davon aus, dass erstens Rivaroxaban zwar besser, aber teurer als der bisherige Standard wäre und dass zweitens noch kein anderer oraler Thrombosehemmer auf dem Markt wäre. Dann wäre – in diesem virtuellen Beispiel – Certoparin die derzeit effektivste Behandlungsalternative. Und der Vergleich der Position von Rivaroxaban zur verlängerten Verbindungslinie von Fondaparinux zu Certoparin würde ergeben, dass der Preis von Rivaroxaban nicht angemessen wäre.

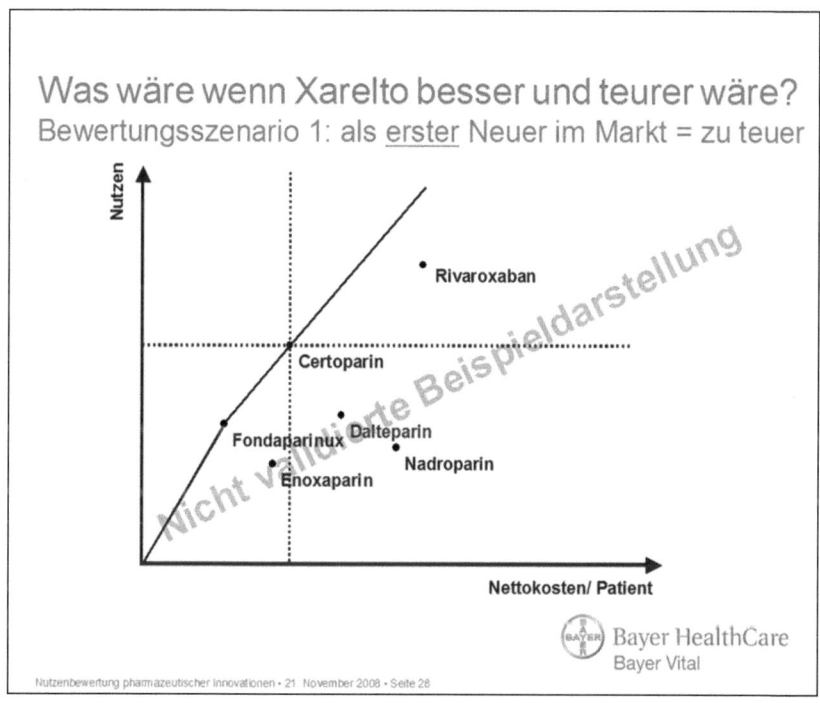

Belassen wir in diesem Beispiel alle Produkte an den gleichen Bewertungspositionen, variieren das Szenario aber dadurch, dass vor Rivaroxaban ein anderer oraler Thrombosehemmer auf dem Markt wäre. Alleine dadurch, dass wir nicht mehr die Ersten auf dem Markt sind, würde die Kosten-Nutzen-Bewertung des IQWiG unter den gleichen Kosten- und Nutzen-Annahmen wie im vorherigen Beispiel dazu führen, dass der gleiche Preis von Rivaroxaban jetzt aber als angemessen bewertet würde. Dieser Ansatz verleitet ein pharmazeutisches Unternehmen theoretisch dann dazu, immer erst als Zweiter auf den Markt zu kommen, um die Chance auf Anerkennung eines bestimmten Preises zu erhöhen.

Die Etablierung der vom IQWiG vorgeschlagenen Methodik würde also dazu führen, dass Unternehmen gegebenenfalls eine ganz neue Marktstrategie verfolgen und innovative Produkte die Patienten in Deutschland wesentlich später als bisher erreichen.

Einen weiteren Aspekt halten wir in dieser Methodik für problematisch: Das IQWiG stellt in seinem Methodenvorschlag selbst fest, dass die Effizienzgrenze nur den Preis anzeigt, „der mit der gegenwärtigen Bewertung am Markt konsistent ist". Dies bedeutet, dass ein Zusatznutzen in einem generischen Indikationsbereich aufgrund der deutlich geringeren Arzneimittelkosten zu einem deutlich niedrigeren Höchsterstattungspreis führen würde, als der gleiche Zusatznutzen in einem nicht generischen Markt. Das wird unweigerlich dazu führen, dass pharmazeutische Unternehmen in Deutschland in bestimmten Indikationsgebieten keine Anstrengungen mehr zur Entwicklung neuer und innovativer Produkte unternehmen werden.

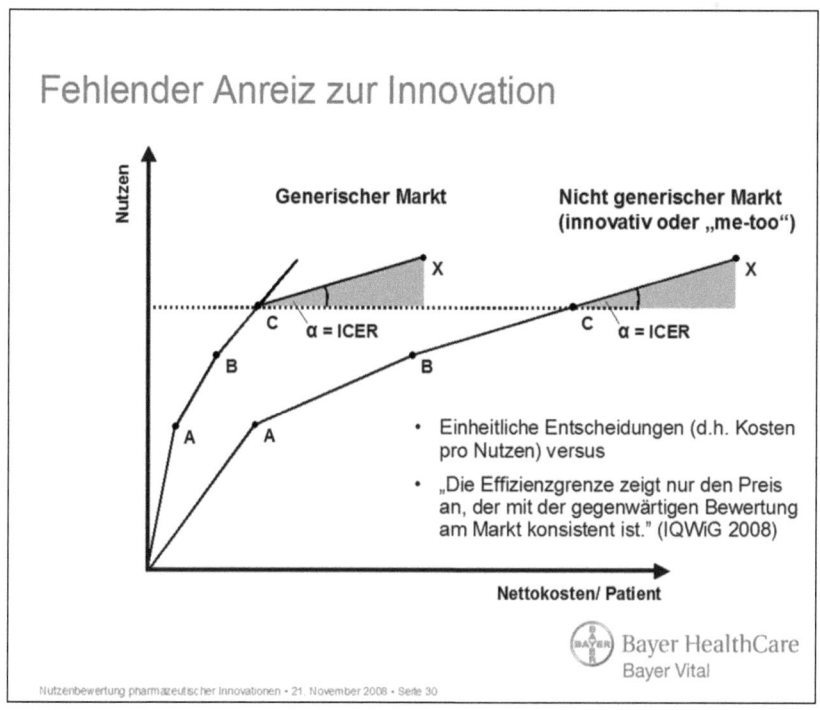

An diesem Beispiel wird deutlich, dass Nutzenbewertung aus der Sicht eines pharmazeutischen Unternehmens in Deutschland weitaus mehr Facetten hat, als alleine die Dimension eines modellhaft entwickelten Mehrwertes.

Zusammenfassung

Deutschland ist ein attraktiver Pharmastandort mit exzellent ausgebildeten Wissenschaftlern, die übrigens auch gerne vom Ausland abgeworben werden. Seit 2007 ist Deutschland wieder „Europameister" bei klinischen Studien. Deutschland ist noch drittgrößter Pharmamarkt der Welt (USA, Japan) und „Exportweltmeister" auch auf dem Gebiet der Arzneimittel.

Dennoch: Als nachteilig erweisen sich seit Jahren die inkonsistenten Regulierungen des Gesundheitswesens und die dargestellten Insellösungen bei Nutzen- und Kosten-Nutzen-Bewertung, die noch nicht großflächig zum Tragen gekommen sind, um die oben angedeuteten Konsequenzen für den Innovations-standort Deutschland Realität werden zu lassen.

Anzustreben ist deshalb ein Abbau von Innovationshürden, eine faire Bewertung von Nutzen ohne Abwertung durch „Kampfbegriffe" und mit einer stärkeren Integration der Perspektive von Patienten und Gesellschaft, sowie eine Orientierung an internationalen Standards zu Sicherung der Wettbewerbsfähigkeit des deutschen Pharmastandortes.

Die Rolle des Apothekers bei der Sicherung einer nutzenorientierten Arzneimittelversorgung
Heinz-Günther Wolf

Den Apotheken obliegt die im öffentlichen Interesse gebotene Sicherstellung einer ordnungsgemäßen Arzneimittelversorgung der Bevölkerung. Dieser erste Satz des Apothekengesetzes ist nicht nur eine der wichtigsten juristischen Handlungsgrundlagen für alle Apotheken, sondern weist auch ganz deutlich auf den Nutzen hin, den die Apotheken erbringen wollen, können und müssen. Nun fragt man sich: Wo bringt die Apotheke Nutzen? Welchen Nutzen kann die Apothekerin oder der Apotheker bringen? Wo hat die Apotheke Handlungsmöglichkeiten? Was wird von den Apothekerinnen und Apothekern erwartet, die „auf Kosten der Gesellschaft" Pharmazie studiert haben? Antworten auf diese Fragen sollen im Folgenden mithilfe einiger Zahlen, Daten und Fakten gegeben werden. Auch Herausforderungen, Lösungsansätze und Handlungsoptionen für die Zukunft werden beschrieben.

Die „öffentliche Apotheke" lässt sich als System betrachten, für das Kosten anfallen. Ein mehrjähriger Vergleich bringt Aufschluss über diese Ausgaben der Gesetzlichen Krankenversicherung (GKV): So betrugen die Arzneimittelausgaben im Jahr 1992 noch 16,7 Mrd. Euro, 2001 waren es 21,4 Mrd. Euro und 2007 genau 25,6 Mrd. Euro. Eine gewisse Steigerungsrate lässt sich ohne weiteres erkennen. Betrachtet man nun die „Apothekenmarge" – das darin enthaltene Entgelt für die Apotheken – ergibt sich ein anderes Bild: Das Apothekenentgelt betrug 3,8 Mrd. Euro im Jahr 1992, 4,2 Mrd. Euro im Jahr 2001 und 3,9 Mrd. Euro im Jahr 2007. Bei diesen fast konstanten Ausgaben der GKV über einen derart langen Zeitraum ist unschwer zu erkennen, dass die öffentlichen Apotheken „kein Problem" sind.

In den Arzneimittelausgaben der GKV sind die Anteile von pharmazeutischen Herstellern, Großhändlern, Apotheken und Mehrwertsteuer enthalten. Bei diesen Wertschöpfungsanteilen bestätigt sich die Vermutung, dass der relative Apothekenanteil geringer wird. So waren es 2004 noch 17,8 Prozent. Bis 2007 sank der Wertschöpfungsanteil der Apotheken auf 15,4 Prozent. Nicht zuletzt wegen der Mehrwertsteuererhöhung von 16 auf 19 Prozent lag der Staatsanteil an den Arzneimittelausgaben der GKV in diesem Jahr erstmals auf einem höheren Niveau als das Apothekenentgelt. Das heißt, die GKV zahlt mehr Geld an den Finanzminister als an 21.500 Apotheken mit als 144.000 Beschäftigten.

Der Anstieg der GKV-Arzneimittelausgaben lässt sich auch noch auf eine andere Art und Weise betrachten – indem man ihn in seine Veränderungsfaktoren zerlegt. Die Ausgaben können steigen aufgrund des Preises, der Menge und der Struktur. Nimmt man das Jahr 1992 als Bezugspunkt, so lässt sich bis 2007 bei Preis und Menge von Arzneimitteln eine stabile oder sinkende Indexzahl ablesen. Bei der Strukturkomponente dagegen schnellt der Bezugswert auf ein Mehrfaches empor. Bei der Struktur kann es sich um den Einsatz innovativer Medikamente, um eine Therapieveränderung oder Verordnungsumstellung handeln.

Die Ausgabenkomponenten Preis, Menge und Struktur werden von verschiedenen Akteuren reguliert. Auf den Preis nehmen der Hersteller (Herstellerabgabepreise), die Krankenkassen (Festbeträge, Höchstbeträge bei innovativen Arzneimitteln) und der Gesetzgeber (Spannen und Rabatte) Einfluss. Bei der Menge sind es Ärzte (Verordnungen) und Patienten (gesundheitsbewusstes Verhalten, Compliance). Die Strukturkomponente wird beeinflusst durch Apotheker (autidem-Regelung, Rabattverträge, Arzneimitteldossiers, Medikationsprofile, Zielpreise) und die Selbstverwaltung (Arzneimittelrichtlinien, Kosten-Nutzen-Bewertung). Daraus ergeben sich folgende Fragen: Wenn der Apotheker preisneutral gestellt ist, wo soll er eingreifen? Kann er dort besser als Kaufmann oder als Pharmazeut eingreifen?

Um diese letzte, rhetorisch gemeinte Frage zu beantworten, sei ein kurzer Exkurs erlaubt, wie man überhaupt Apotheker wird. Der erste Ausbildungsabschnitt beinhaltet vier Semester Grundstudium, das allgemeine naturwissenschaftliche und medizinische Grundlagen vermittelt sowie viele praktische Lehrveranstaltungen enthält. Vor Ablegen des ersten Abschnitts der Pharmazeutischen Prüfung ist auch noch eine achtwöchige Famulatur zu absolvieren.

Der zweite Ausbildungsabschnitt besteht aus vier Semestern Hauptstudium. Wichtige Fächer sind Pharmazeutische und Medizinische Chemie, Pharmazeutische Biologie, Pharmakologie und Toxikologie, Pharmazeutische Technologie, Biopharmazie und Klinische Pharmazie. Danach wird das zweite Staatsexamen abgelegt.

Der dritte Ausbildungsabschnitt für angehende Apotheker ist das Praktische Jahr. Dort soll die Praxis im Vordergrund stehen. Aber auch spezielle Rechtsgebiete für Apotheker werden den Pharmaziepraktikanten näher gebracht. Danach folgt das dritte und letzte Staatsexamen – nach diesem dritten Abschnitt der Pharmazeutischen Prüfung ist das Studium beendet.

Nun zurück zu den kaufmännischen Aspekten des Apothekerberufs: Auch wenn die Gesundheitsreformen der vergangenen Jahre den Apothekern nicht immer gefallen haben, so lässt sich doch eine gewisse Konsequenz nicht abstreiten. Mit dem GMG wurde 2004 eine preisunabhängige Apothekenvergütung und damit eine Preisabkopplung auf Verkaufsseite herbeigeführt. Das AVWG hat dann 2006 das Festhonorar der Apotheke durch ein Rabattverbot abgesichert. Somit wurde auch die Einkaufseite vom Preis abgekoppelt. Das WSG wirkt seit 2007 auf den Herstellerabgabepreis ein und leistet damit Vertragsunterstützung. Hierdurch entsteht eine Entwicklung hin zum Versorgungsmanagement.

Diese konsequente Politik muss jedoch auch mit einigen Fragezeichen versehen werden: Inwieweit sind direkte Preisverhandlungen zwischen Kassen und Herstellern gemeint? Macht der Wegfall der Preisregulierungen vor der Apotheke halt? In welchem Umfang spielen neue Vertriebswege außerhalb des Großhandels eine Rolle, z.B. mithilfe des Direktvertriebs (direct to pharmacy)? Für die Apotheker kann eine konsequente Politik nur bedeuten: Sie haben keine Produktpreisverantwortung, sondern eine pharmazeutisch-wirtschaftliche Verantwortung. Sie betreiben Medikations- und Therapiemanagement. Die pharmazeutische Begleitung und Versorgung erfolgt durch den Hausapotheker, unabhängig davon, wo der Patient sich aufhält.

Die Gesundheitsreformgesetze GMG, AVWG und WSG geben die Richtung vor: Das GMG hat die Apotheke durch ein Fixentgelt von 8,10 Euro pro abgegebener Arzneimittelpackung im Verkauf preisneutral gestellt. Das AVWG hat die Apotheke im Einkauf preisneutral gestellt – durch ein Verbot von Naturalrabatten und die Beschränkung von Barrabatten auf die Großhandelsmarge. Daraus folgt, dass der Apotheker als Heilberufler gestärkt wird. Die Gesetze sind eine ideale Grundlage für die Apotheker, als neutrale Makler im Auftrag von Patient und Krankenkasse ein aktives Arzneimittelmanagement betreiben zu können.

Das pharmazeutische Potential dazu ist gewaltig: Mehr als 21.500 Apotheken sorgen für eine flächendeckende, wohnortnahe Versorgung auf dem Lande und in der Stadt. Es handelt sich dabei um persönlich geführte und verantwortete mittelständische Betriebe, die 144.000 Menschen, darunter 122.000 Frauen, eine wohnortnahe Arbeit bieten. Im Vergleich dazu arbeiten in der pharmazeutischen Industrie 113.000, bei den Krankenkassen 132.000 und im Großhandel 12.000 Menschen. Man bedenke erst den Vergleich zur Wertschöpfung! In den Apotheken gibt es 10.000 Ausbildungsplätze, und an den Universitäten studieren rund 12.000 Pharmazie-Studierende.

Die Leistungsdaten der Apotheken sind überzeugend: Täglich kommen 4,1 Mio. Menschen in öffentliche Apotheken. Täglich werden dort 28.000 arzneimittelbezogene Probleme gelöst. Täglich werden 250.000 Botendienste erbracht, d.h. im Durchschnitt 12 Mal pro Apotheke. Nacht für Nacht leisten 2.000 Apotheken Notdienst. Nacht für Nacht wird 20.000 kranken Menschen geholfen, darunter vielen Kindern. Jährlich werden 8 Millionen Arzneimittel geprüft. Jährlich werden 15 Millionen patientenindividuelle Rezepturen auf Kassenrezept hergestellt. Jährlich erfolgen 7.000 Problemmeldungen an die Arzneimittelkommission der Deutschen Apotheker, die im Rahmen der Selbstorganisation nicht staatlich finanziert ist. Jährlich gibt es 100.000 Teilnehmer an Fortbildungen, wobei das Ziel in einer Verdoppelung besteht. Derweil ist ein bundesweites einheitliches Qualitätsmanagementsystem im Aufbau.

Ordnungspolitisch bedenkliche Entwicklungen muss man derweil zur Kenntnis nehmen. Das Vertragsverletzungsverfahren gefährdet originär gewachsene Gesundheitssysteme, die den unterschiedlichen nationalen Bedürfnissen entsprechen. Das Antwortschreiben der Bundesregierung an die Europäische Kommission sowie der Entschließungsantrag zum EU-Weißbuch sollen stellvertretend für die ausgetauschten Argumente genannt werden. Daneben sorgen die so genannten Pick-up-Stellen für Unruhe. Letztlich geht es um die Abgabe von Rezepten beim Briefträger zur Weitervermittlung an einzelne Apotheken. Die Selbstbedienung bei OTC-Arzneimitteln ist ebenfalls bedenklich. Auch die Rezeptsammlung über unregulierte Sammelpunkte wie Drogeriemärkte fällt in diese Kategorie. Das Outsourcing wesentlicher Tätigkeiten kann dazu führen, dass der Versandhandel komplett über externe Firmen abgewickelt wird und der Apotheker nur formell Verantwortung trägt. All diese Konzepte sind zwar Teil der Wertschöpfungskette, aber nicht des Gesundheitswesens!

Die Lösungsansätze zur Ausgabendämpfung sind vielfältig, oft aber unrealistisch. Ohne Anspruch auf Vollständigkeit wurden diverse Einsparpotentiale von – zuweilen selbsternannten – Experten identifiziert: Versandhandel >1,0 Mrd. Euro, Einkaufsrabatte an Apotheken 1,0 Mrd. Euro, Arzneimittelmüll 4,0 Mrd. Euro, umstrittene Arzneimittel 1,0 Mrd. Euro, Scheininnovationen 2,0 Mrd. Euro, ungenutztes Generikapotential 1,5 Mrd. Euro, „zu wenige" Importarzneimittel >0,5 Mrd. Euro, Apothekenketten (= halbe Margen) 2,0 Mrd. Euro, Preisfreigabe (= 10 Prozent Absenkung) 2,0 Mrd. Euro. In der Summe kommt man auf mindestens 15 Mrd. Euro. Somit ließen sich mehr als die Hälfte der GKV-Arzneimittelausgaben einsparen. Wenn nur alles im Leben so einfach wäre wie eine Milchmädchenrechnung!

Die echten Herausforderungen lauten jedoch anders. Zuerst gehört die Strukturkomponente dazu, die die Ausgaben neben Preis und Menge maßgeblich beeinträchtigt. Zweitens herrscht eine asymmetrische Information sowohl zwischen Hausarzt und Facharzt als auch zwischen Arzt und Apotheker. Drittens gilt es, die mangelnde Compliance – Therapietreue – zu bekämpfen. Als vierter Punkt sei die Prävention von Arzneimittelrisiken genannt, wobei ein Fragezeichen hinter dem Konzept „direct to consumer" stehen muss. Fünftens stellt sich die Frage nach besonderen Versorgungsformen und Wahltarifen.

Die Liste der echten Herausforderungen kann man problemlos um fünf grundsätzlichere Aspekte verlängern. Erstens gehören Bevölkerungsstruktur und demographischer Wandel dazu. Zweitens spielt eine verstärkte Nachfrage nach Arzneimitteln eine Rolle. Drittens muss man fragen dürfen, ob Bürger im Allgemeinen und Patienten im Besonderen überhaupt mündig sind. Viertens besteht eine Herausforderung in der Stärkung der regionalen Versorgungsstruktur. Fünftens stellt sich die Frage, was die Apotheken wirklich leisten können.

Die Apotheken engagieren sich im Qualitätsmanagement und bei der Fortbildung. Der Aufbau eines bundeseinheitlichen Qualitätsmanagementsystems (QMS) für alle Apotheken ist wichtig. Die Schwerpunkte dabei liegen auf den pharmazeutischen Leistungen (Versorgung, Herstellung, Prüfung, Information und Beratung). Jährlich sollen die QMS-Leistungen der Apotheken überprüft werden. Außerdem steht eine Verdopplung der Fortbildungsquote bis 2010 an. Somit sollen ab 2010 jedes Jahr rund 200.000 Teilnehmer an den Fortbildungsveranstaltungen der Apothekerkammern teilnehmen. Der Ausbau der hohen Qualifizierung in der Offizin und die regelmäßige Anpassung an neue Entwicklungen sind vorgesehen.

Der Hausapotheker soll künftig als Medikationsmanager gefragt sein. Dazu gehören die Erfassung und Dokumentation der Gesamtmedikation inklusive Selbstmedikation. Unabdingbar ist auch die Kommunikation mit dem verantwortlichen Arzt, der Pflegeeinrichtung oder dem Krankenhaus. Pharmazeutische Betreuung gehört ebenso dazu wie die Versorgung bis ans häusliche Krankenbett. Die Übernahme von pharmazeutischer und wirtschaftlicher Verantwortung ist auch ein Vorteil – nicht zu verwechseln mit der Produktpreisverantwortung!

Ein aktives Versorgungsmanagement kann einen Sofort-Check mithilfe einer Arzneimitteldokumentation ermöglichen. Das Grundprinzip lautet: Verbesserte Beratung durch erweiterte Informationsbasis. So muss eine Patientendatei sämtliche Medikationsdaten inkl. OTC (Over The Counter / über den Handverkaufstisch) enthalten. Ein Interaktionscheck ist ebenso vorgesehen. Die Beratung und Information des Patienten und Arztes sind weitere integrale Bestandteile. Oft dürfte es auch um „seamless care" gehen – den nahtlosen Übergang eines Patienten vom Krankenhausaufenthalt zur ambulanten Versorgung.

Das aktive Versorgungsmanagement beinhaltet aber auch pharmazeutisches Management. Darunter versteht man die Berücksichtigung von Grunderkrankungen, Allergien oder Arzneimittelunverträglichkeiten. Eine Softwareunterstützte Überprüfung der Medikation kann dabei ein weiteres Instrument sein. Ein Medikationsprofil und ein Medikationsbericht dürften ebenfalls darin enthalten sein. Ein pharmazeutisches Beratungsgespräch, dass ggf. durch Informationsweitergabe an den Arzt abgeschlossen wird, kann auch sehr wichtig sein.

Nicht zuletzt sollte ein aktives Versorgungsmanagement auch Check-up-Leistungen im Sinne von Prävention beinhalten. Gemessen werden können der Body-Mass-Index (BMI), der Blutdruck, der Blutzucker und der Cholesterinspiegel. Bei schlechten Werten sollte sich die Apotheke verpflichtet fühlen, einen Arztbesuch zu empfehlen oder dringend anzuraten. Ein erfolgreiches Beispiel ist der Weltdiabetestag, an dem erhöhte Blutzuckerwerte bei fast 13 Prozent der getesteten Personen gemessen wurden, bei denen Diabetes vorher nicht bekannt war.

Grundsätzlich ist die Apotheke ein Ort des Verbraucherschutzes. Dort werden Unverträglichkeiten und Interaktionen benannt und Patienten erhalten Aufklärung darüber. Arzneimittelfälschungen können aufgedeckt werden, sofern der Patient dubiose Packungen mitbringt. Nicht zuletzt wird von gesundheitsgefährdender Über- und Fehlmedikation abgeraten. Darüber hinaus gibt es ein gezieltes Medikationsmanagement für chronisch Kranke, die Durchführung der Arzneiversorgung für vom Arzt vorgegebene Versorgungszeiträume, die gezielte Mitwirkung bei Disease-Management-Programmen (DMP) wie Asthma, der Ausbau von Präventionsleistungen und die Verantwortungsübernahme bei Wirkstoffverordnungen oder Zielpreisen. Voraussetzung ist jedoch immer eine wohnortnahe und flächendeckende Infrastruktur!

Als Fazit und Antwort auf die eingangs gestellten Fragen bleibt die Erkenntnis, dass der Apotheker ein Heilberufler mit wirtschaftlicher Verantwortung ist und auch künftig sein wird. Die Zukunft der Arzneimittelversorgung, der Apotheke selbst, des Apothekers als Person und des kranken Menschen wird zweifelsfrei pharmazeutisch entschieden. Ohne Wenn und Aber.

Verzeichnis der Autoren

Bovelet, Joachim

Vivantes Netzwerk für Gesundheit GmbH
Vorsitzender der Geschäftsführung
Klinikum Neukölln
Oranienburgerstraße 285
13437 Berlin

Glaeske, Gerd Prof. Dr.

Universität Bremen
Zentrum für Sozialpolitik
Parkallee 39
28209 Bremen

Grell, Lili Dr.

MDS
Lützowstraße 53
45141 Essen

Hermann, Christopher Dr.

AOK Baden-Württemberg
Stellvertretender Vorsitzender
Heilbronner Straße 814
70191 Stuttgart

Jonitz, Günther Dr.

Präsident der Ärztekammer Berlin
Friedrichstraße 16
10969 Berlin

Knabner, Klaus Dr.

Kaiserstuhlstraße 3
14129 Berlin

Munte, Axel Dr.

Kassenärztliche Vereinigung Bayern
Vorsitzender des Vorstandes
Elsenheimerstraße 39
80684 München

Schrappe, Matthias Prof. Dr.

Klinikum der J.W. Goethe Universität
Aufsichtsrat
Theodor-Stern-Kai 7
60590 Frankfurt

Weitkamp, Jürgen Dr. Dr.

Osnabrücker Straße 30
32312 Lübbecke

Wille, Eberhard, Prof. Dr.

Universität Mannheim
L7, 3-5
68131 Mannheim

Wingen, Franz-Josef Dr.

Bayer Schering Pharma
Medical Director
Gebäude D 162
51368 Leverkusen

Wolf, Heinz-Günter

Vorstand der ABDA
Jägerstraße 49/50
10117 Berlin

STAATLICHE ALLOKATIONSPOLITIK IM MARKTWIRTSCHAFTLICHEN SYSTEM

Band 1 Horst Siebert (Hrsg.): Umweltallokation im Raum. 1982.

Band 2 Horst Siebert (Hrsg.): Global Environmental Resources. The Ozone Problem. 1982.

Band 3 Hans-Joachim Schulz: Steuerwirkungen in einem dynamischen Unternehmensmodell. Ein Beitrag zur Dynamisierung der Steuerüberwälzungsanalyse. 1981.

Band 4 Eberhard Wille (Hrsg.): Beiträge zur gesamtwirtschaftlichen Allokation. Allokationsprobleme im intermediären Bereich zwischen öffentlichem und privatem Wirtschaftssektor. 1983.

Band 5 Heinz König (Hrsg.): Ausbildung und Arbeitsmarkt. 1983.

Band 6 Horst Siebert (Hrsg.): Reaktionen auf Energiepreissteigerungen. 1982.

Band 7 Eberhard Wille (Hrsg.): Konzeptionelle Probleme öffentlicher Planung. 1983.

Band 8 Ingeborg Kiesewetter-Wrana: Exporterlösinstabilität. Kritische Analyse eines entwicklungspolitischen Problems. 1982.

Band 9 Ferdinand Dudenhöfer: Mehrheitswahl-Entscheidungen über Umweltnutzungen. Eine Untersuchung von Gleichgewichtszuständen in einem mikroökonomischen Markt- und Abstimmungsmodell. 1983.

Band 10 Horst Siebert (Hrsg.): Intertemporale Allokation. 1984.

Band 11 Helmut Meder: Die intertemporale Allokation erschöpfbarer Naturressourcen bei fehlenden Zukunftsmärkten und institutionalisierten Marktsubstituten. 1984.

Band 12 Ulrich Ring: Öffentliche Planungsziele und staatliche Budgets. Zur Erfüllung öffentlicher Aufgaben durch nicht-staatliche Entscheidungseinheiten. 1985.

Band 13 Ehrentraud Graw: Informationseffizienz von Terminkontraktmärkten für Währungen. Eine empirische Untersuchung. 1984.

Band 14 Rüdiger Pethig (Ed.): Public Goods and Public Allocation Policy. 1985.

Band 15 Eberhard Wille (Hrsg.): Öffentliche Planung auf Landesebene. Eine Analyse von Planungskonzepten in Deutschland, Österreich und der Schweiz. 1986.

Band 16 Helga Gebauer: Regionale Umweltnutzungen in der Zeit. Eine intertemporale Zwei-Regionen-Analyse. 1985.

Band 17 Christine Pfitzer: Integrierte Entwicklungsplanung als Allokationsinstrument auf Landesebene. Eine Analyse der öffentlichen Planung der Länder Hessen, Bayern und Niedersachsen. 1985.

Band 18 Heinz König (Hrsg.): Kontrolltheoretische Ansätze in makroökonometrischen Modellen. 1985.

Band 19 Theo Kempf: Theorie und Empirie betrieblicher Ausbildungsplatzangebote. 1985.

Band 20 Eberhard Wille (Hrsg.): Konkrete Probleme öffentlicher Planung. Grundlegende Aspekte der Zielbildung, Effizienz und Kontrolle. 1986.

Band 21 Eberhard Wille (Hrsg.): Informations- und Planungsprobleme in öffentlichen Aufgabenbereichen. Aspekte der Zielbildung und Outputmessung unter besonderer Berücksichtigung des Gesundheitswesens. 1986.

Band 22 Bernd Gutting: Der Einfluß der Besteuerung auf die Entwicklung der Wohnungs- und Baulandmärkte. Eine intertemporale Analyse der bundesdeutschen Steuergesetze. 1986.

Band 23 Heiner Kuhl: Umweltressourcen als Gegenstand internationaler Verhandlungen. Eine theoretische Transaktionskostenanalyse. 1987.

Band 24 Hubert Hornbach: Besteuerung, Inflation und Kapitalallokation. Intersektorale und internationale Aspekte. 1987.

Band 25 Peter Müller: Intertemporale Wirkungen der Staatsverschuldung. 1987.

Band 26 Stefan Kronenberger: Die Investitionen im Rahmen der Staatsausgaben. 1988.

Band 27 Armin-Detlef Rieß: Optimale Auslandsverschuldung bei potentiellen Schuldendienstproblemen. 1988.

Band 28 Volker Ulrich: Preis- und Mengeneffekte im Gesundheitswesen. Eine Ausgabenanalyse von GKV-Behandlungsarten. 1988.

Band 29 Hans-Michael Geiger: Informational Efficiency in Speculative Markets. A Theoretical Investigation. Edited by Ehrentraud Graw. 1989.

Band 30 Karl Sputek: Zielgerichtete Ressourcenallokation. Ein Modellentwurf zur Effektivitätsanalyse praktischer Budgetplanung am Beispiel von Berlin (West). 1989.

ALLOKATION IM MARKTWIRTSCHAFTLICHEN SYSTEM

Band 31 Wolfgang Krader: Neuere Entwicklungen linearer latenter Kovarianzstrukturmodelle mit quantitativen und qualitativen Indikatorvariablen. Theorie und Anwendung auf ein mikroempirisches Modell des Preis-, Produktions- und Lageranpassungsverhaltens von deutschen und französischen Unternehmen des verarbeitenden Gewerbes. 1991.

Band 32 Manfred Erbsland: Die öffentlichen Personalausgaben. Eine empirische Analyse für die Bundesrepublik Deutschland. 1991.

Band 33 Walter Ried: Information und Nutzen der medizinischen Diagnostik. 1992.

Band 34 Anselm U. Römer: Was ist den Bürgern die Verminderung eines Risikos wert? Eine Anwendung des kontingenten Bewertungsansatzes auf das Giftmüllrisiko. 1993.

Band 35 Eberhard Wille, Angelika Mehnert, Jan Philipp Rohweder: Zum gesellschaftlichen Nutzen pharmazeutischer Innovationen. 1994.

Band 36 Peter Schmidt: Die Wahl des Rentenalters. Theoretische und empirische Analyse des Rentenzugangsverhaltens in West- und Ostdeutschland. 1995.

Band 37 Michael Ohmer: Die Grundlagen der Einkommensteuer. Gerechtigkeit und Effizienz. 1997.

Band 38 Evamaria Wagner: Risikomanagement rohstoffexportierender Entwicklungsländer. 1997.

Band 39 Matthias Meier: Das Sparverhalten der privaten Haushalte und der demographische Wandel: Makroökonomische Auswirkungen. Eine Simulation verschiedener Reformen der Rentenversicherung. 1997.

Band 40 Manfred Albring / Eberhard Wille (Hrsg.): Innovationen in der Arzneimitteltherapie. Definition, medizinische Umsetzung und Finanzierung. Bad Orber Gespräche über kontroverse Themen im Gesundheitswesen 25.-27.10.1996. 1997.

Band 41 Eberhard Wille / Manfred Albring (Hrsg.): Reformoptionen im Gesundheitswesen. Bad Orber Gespräche über kontroverse Themen im Gesundheitswesen 7.-8.11.1997. 1998.

Band 42 Manfred Albring / Eberhard Wille (Hrsg.): Szenarien im Gesundheitswesen. Bad Orber Gespräche über kontroverse Themen im Gesundheitswesen 5.-7.11.1998. 1999.

Band 43 Eberhard Wille / Manfred Albring (Hrsg.): Rationalisierungsreserven im deutschen Gesundheitswesen. 2000.

Band 44 Manfred Albring / Eberhard Wille (Hrsg.): Qualitätsorientierte Vergütungssysteme in der ambulanten und stationären Behandlung. 2001.

Band 45 Martin Pfaff / Dietmar Wassener / Astrid Sterzel / Thomas Neldner: Analyse potentieller Auswirkungen einer Ausweitung des Pharmaversandes in Deutschland. 2002.

Band 46 Eberhard Wille / Manfred Albring (Hrsg.): Konfliktfeld Arzneimittelversorgung. 2002.

Band 47 Udo Schneider: Theorie und Empirie der Arzt-Patient-Beziehung. Zur Anwendung der Principal-Agent-Theorie auf die Gesundheitsnachfrage. 2002.

Band 48 Manfred Albring / Eberhard Wille: Die GKV zwischen Ausgabendynamik, Einnahmenschwäche und Koordinierungsproblemen. 2003.

Band 49 Uwe Jirjahn: X-Ineffizienz, Managementanreize und Produktmarktwettbewerb. 2004.

Band 50 Stefan Resch: Risikoselektion im Mitgliederwettbewerb der Gesetzlichen Krankenversicherung. 2004.

Band 51 Paul Marschall: Lebensstilwandel in Ostdeutschland. Gesundheitsökonomische Implikationen. 2004.

Band 52 Eberhard Wille / Manfred Albring (Hrsg.): Paradigmenwechsel im Gesundheitswesen durch neue Versorgungsstrukturen? 8. Bad Orber Gespräche. 6. - 8. November 2003. 2004.

Band 53 Eberhard Wille / Manfred Albring (Hrsg.): Versorgungsstrukturen und Finanzierungsoptionen auf dem Prüfstand. 9. Bad Orber Gespräche. 11.–13. November 2004. 2005.

Band 54 Brit S. Schneider: Gesundheit und Bildung. Theorie und Empirie der Humankapitalinvestitionen. 2007.

Band 55 Klaus Knabner / Eberhard Wille (Hrsg.): Qualität und Nutzen medizinischer Leistungen. 10. Bad Orber Gespräche, 10.-12. November 2005. 2007.

Band 56 Holger Cischinsky: Lebenserwartung, Morbidität und Gesundheitsausgaben. 2007.

Band 57 Eberhard Wille / Klaus Knabner (Hrsg.): Wettbewerb im Gesundheitswesen: Chancen und Grenzen. 11. Bad Orber Gespräche. 16. –18. November 2006. 2008.

Band 58 Christian Igel: Zur Finanzierung von Kranken- und Pflegeversicherung. Entwicklung, Probleme und Reformmodelle. 2008.

Band 59 Christiane Cischinsky: Auswirkungen der Europäischen Integration auf das deutsche Gesundheitswesen. 2008.

Band 60 Eberhard Wille / Klaus Knabner (Hrsg.): Die besonderen Versorgungsformen: Herausforderungen für Krankenkassen und Leistungserbringer. 12. Bad Orber Gespräche über kontroverse Themen im Gesundheitswesen. 15.–17. November 2007. 2009.

Band 61 Malte Wolff: Interdependenzen von Arzneimittelregulierungen. 2010.

Band 62 Eberhard Wille / Klaus Knabner (Hrsg.): Qualitätssicherung und Patientennutzen. 13. Bad Orber Gespräche über kontroverse Themen im Gesundheitswesen. 20. –21. November 2008. 2010.

www.peterlang.de